雲南文庫

百人百部

当代云南社会科学百人百部优秀学术著作丛书

论经济理论科学性的判定条件

雷晓明／著

云南大学出版社
云南人民出版社

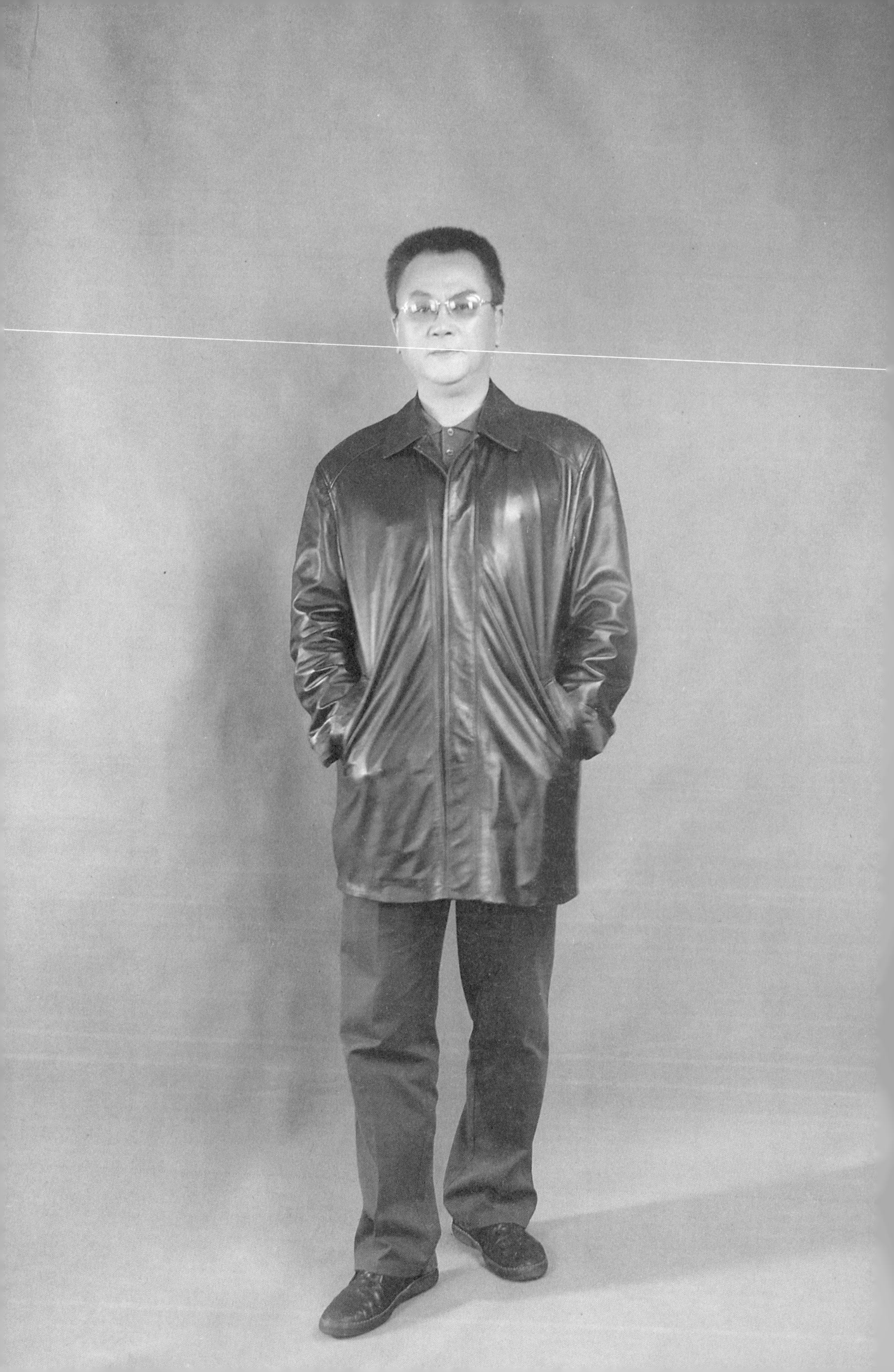

作者小传

雷晓明，男，1987 年获经济学硕士学位，1982 年 8 月 ~ 1992 年 8 月在云南大学马列主义教研室任教，曾任助教、讲师。1992 年被云南大学评为副研究员。1992 年 9 月 ~ 1994 年 9 月任昆明市人民政府经研中心副主任。1994 年 9 月 ~ 1996 年 3 月任昆百大集团股份公司董事、副总经理。1996 年 4 月 ~ 2006 年 2 月任昆明市人民政府副市长。

创新型的思想与工作：在国内第一个策划、组织、实施，并在中央电视台播出城市旅游形象广告“昆明天天是春天”；

在国内外第一个提出并具体实施“营销昆明”（营销城市）的理念并取得实效；

率先提出并具体筹办了《中国昆明·东亚城市市长论坛》；

在国内第一个提出和主持起草了《昆明市旅游监察条例》（最后由云南省人大常委会通过的地方性法律），并由此依法组建中国第一支旅游监察（国外称为旅游警察）队伍。

主要学术著作：《劳动价值论研究》、《论经济理论科学性的判定条件》。

主要学术论文：《论商品使用价值社会属性》、《生产劳动与商品》、《供求与市场价值及价格》、《雇工性质分析》、《用商品与劳务生产和交换商务与劳务》、《劳动生产率与产业结构——再生产理论研究之二兼与孙冶方同志商榷》、《马克思〈1844 年经济学——哲学手稿〉中关于异化劳动的理论——读书笔记》、《斯密的生产性劳动与非生产性劳动的分析、评价》、《历史唯物主义的研究》、《经济理论研究的程序和经济理论的构造研究》、《从灰箱到白箱——信息化时代地方政府行政哲学思考》、《用文明的方式传播文明》等。

主编工作研究文集：《新世纪的朝阳》、《新世纪的彩霞》、《历史不会忘记》、《中国民族服装服饰》等。

图书在版编目（CIP）数据

论经济理论科学性的判定条件/雷晓明著．—昆明：
云南大学出版社，2012
（当代云南社会科学百人百部优秀学术著作丛书）
ISBN 978－7－5482－0815－0

Ⅰ．①论…　Ⅱ．①雷…　Ⅲ．①经济理论—研究　Ⅳ．
①F0

中国版本图书馆 CIP 数据核字（2012）第 018158 号

责任编辑： 宋　武
装帧设计： 刘　雨　王睿韬
责任印制： 张爱成

书　名	**论经济理论科学性的判定条件**
作　者	雷晓明　著
出　版	云南大学出版社 云南人民出版社
发　行	云南大学出版社 云南人民出版社
社　址	昆明市翠湖北路 2 号云南大学英华园内（650091） 昆明市环城西路 609 号（650034）
电　话	0871－5031071　5033244 0871－4113185
网　址	http//www. ynup. com　www. ynpph. com. cn
E－mail	market@ ynup. com　rmszbs@ public. km. yn. cn
开　本	787mm×1092mm　1/16
印　张	12. 75
字　数	210 千
版　次	2012 年 3 月第 1 版第 1 次印刷
印　刷	昆明卓林包装印刷有限公司
书　号	ISBN 978－7－5482－0815－0
定　价	34. 00 元

《云南文库》编辑说明

《云南文库》是云南省哲学社会科学“十二五”规划的重大项目。编辑出版《云南文库》是落实云南省委、省政府建设民族文化强省的重要举措，是繁荣发展云南哲学社会科学的重要途径，是树立云南文化形象、提升云南文化软实力的基础性工程。

中国学术文化的发展不仅有共性，还有很强的地域性。一国有一国之学术，一方有一方之学术。学术研究是社会发展的动力，是社会智慧的结晶，是文化建设的重要构成部分。云南虽地处边疆，仍不乏丰厚的学术研究传统。尤其明清以来，云南与中原的文化交流日臻密切，省外名宿大儒进入云南的代不乏人，而云南的文人学士也多有游宦中原者。在中原文化的熏陶下，云南的文化学术遂结出累累硕果，文化名人辈出，如杨慎、李贽、李元阳、师范、王崧、方玉润、许印芳等，其总体集中性的代表成果是《滇系》和《云南备征志》。至清末，云南学子开始走出国门到海外留学，成为云南与世界沟通的桥梁，也成为改造社会和推进云南文化学术发展的中坚。但由于交通不便，信息闭塞，云南的学术成果并未为内地所认知。更有甚者，清乾隆年间，四库全书馆在全国征集历代遗书，云南巡抚李右江得到云南先贤的著述，但害怕其中有什么不恰当的内容，竟私藏起来不上报，使得《四库全书》仅从它处收录了 3 种云南人著述，成为云南文化史上的一大缺憾。辛亥革命后，云南学人痛感地方文化学术之不彰，在地方政府的支持下，赵藩、陈荣昌、袁嘉谷、由云龙、周钟岳、李根源、方树梅、秦光玉等一批当时最负盛名的云南学者倾力收集整理云南文献，于 1914 年至 1923 年编成刻印《云南丛书》初编，共 152 种 1064 卷，及不分卷者 47 册；1923 年至 1940 年编成刻印《云南丛书》二编，共 69 种 133 卷。另编定 31 种待刻，后由于抗日战争爆发，整个《云南丛书》的编辑刻印工作中止。历时 26 年编刻的《云南丛书》把保存下来的历代云南重要地方文献网罗殆尽，是云南有史以来地方文化的一次最系统的总结，对云南的文化建设发挥了不可估量的作用。

学术创新的根基是学术积淀和传承。从编辑刻印《云南丛书》之时算起至今，其间经历了抗日战争、新民主主义革命、社会主义革命和建设、改革开放的新的历史时期。在这近一百年的历史中，云南的学者为抗击日本侵略者和新中国的解放事业，为社会主义新文化的建设贡献了自己的聪明才智，也为云南地方经济、社会、文化的发展创造了一大批研究成果，并形成了自己的风格和特色。今天，文化建设又站在一个新的历史起点上。整理和出版云南学术史和文化史上的优秀成果，是继承优秀的地方历史文化遗产，建设有中国特色的社会主义新文化和民族文化强省的基础性工作。只有站在前人的肩上，我们才看得更远，走得更实。这也是我们编辑出版《云南文库》的初衷。

比之编刻《云南丛书》的时代，云南的经济政治社会文化已经发生了翻天覆地的变化，云南不再是一个封闭落后的边疆省份，而是成为了我国面向南亚、东南亚开放的桥头堡，其战略地位日益突出。云南的文化创造力也大大发展了，学者力量的壮大、学术成果的丰富早已不可同日而语。今天的《云南文库》不可能像当年《云南丛书》一样收录所有的文献资料，只可能是好中选优、优中选精，尽可能地把最能体现云南学术文化水平和云南学术特色的成果收录进来，以达到整理、总结、展示、交流和传承文化，弘扬学术，促进今日云南文化学术的建设与繁荣之目的。功在当代，利在千秋。

《云南文库》分为三个系列。

一是《云南文库·学术大家文丛》，收录云南学术大家的作品。

二是《云南文库·学术名家文丛》，收录中华人民共和国建立以前出生的云南学术名家的作品。

三是《云南文库·当代云南社会科学百人百部优秀学术著作丛书》，收录中华人民共和国建立以后出生的一代学者的优秀作品。

我们将使《云南文库》成为一个开放的体系，随着云南民族文化强省建设的推进而不断丰富它的内涵，不断发挥其在社会主义精神文明建设和云南文化建设中的积极作用。

《云南文库》编辑委员会

2011 年 6 月

目 录

附　录

一、当代中国多种经济理论科学性判定条件并存及其原因结果

1. **经济理论科学性的判定条件是经济哲学科学论中的重要内容。**

但是，由于受苏联的影响和“左”的思想的干扰，近现代的中国人十分重视政治经济学，几乎用政治经济学取代了其他所有的（理论）经济学科，结果，经济理论界就根本不对经济哲学进行研究，甚至忘记了这门学科的存在。后来，同样的情况又以另外一种倾向表现出来：当代中国人又十分不重视政治经济学，只重视西方实证经济学，几乎用实证经济学取代了其他包括政治经济学在内的所有的（理论）经济学科。可是，无论是研究经济理论本身，还是研究现实经济问题，始终要遇到如何判定和评价经济理论科学性的问题。

2. **一方面由于研究的需要，一方面又由于没有共同认可的理论科学性判定条件，人们实际上使用的经济理论科学性判定条件就千差万别。归纳起来，有这么几类：**

（1）以马列主义经典作家的话，或以马列主义经典著作中的某一段文字，作为判定理论科学性的标准。

（2）以某个著名的西方经济学家的话或意见作为判定理论科学性的标准。

（3）以理论的本体论倾向作为判定理论科学性的标准。

（4）以理论所代表的阶级利益或以理论的阶级属性作为判定理论科学性的标准。

（5）以理论用于实践后的成功与否作为判定理论科学性的标准。

3. 上述各种判定标准，不能说都是没有道理的，但却都存在局限性。因为：

（1）对于以“语录”作标准的做法，其局限性在于缺乏系统的、严格的理论，尤其有些问题缺乏实践的检验。

（2）对于以“理论的本体论倾向”作标准的做法，其局限性在于“本体论倾向”只涉及理论的前提的内涵。不仅如此，早在19世纪，用本体论作标准来判定知识的真伪的做法，已相继被用认识论、知识论作标准的做法所取代。一句话，这种标准已过时了。

（3）对以理论所代表的阶级利益或其阶级属性作标准的做法，其局限性在于混淆了阶级性和科学性的界限，将两者作为直接等同的概念。

（4）对于以理论用于实践后的成功与否作标准的做法，其局限性在于：一是它混淆了理论的科学性与理论的真理性的界限；二是它忽视了理论的科学性与理论的有用性或有效性的区别；三是它未考虑到实践中的各种因素的干扰与实践手段对实践的限制；四是它未考虑到人们将理论用于实践时，人们对理论本身的认识是否正确和准确；五是它忽略了用于检验理论的经验事实已包含了理论的因素；六是它无法满足人们在将理论用于实践之前就必须对理论作出科学性判定或评价的需要。当然，必须强调，实践肯定是检验理论科学与否的条件，但它只是事后检验条件，而不是唯一的条件。

二、确定统一的经济理论科学性判定条件的必要性与可能性

4. 多种评价并存，对我国现实经济问题的解决和经济理论的建设极为不利。

因而，建立一套系统的、完备的、符合现代科学精神要求的，并能结合我国经济理论研究工作的实际情况的经济理论科学性的判定条件和评价标准就十分必要。这是因为：

（1）以国家为首的各类经济活动主体需要用它来鉴别和评价各种经济理论的科学性，以决定选用哪些经济理论来解决自己所面临的问题。

（2）经济理论界要赶超世界先进水平，就需要用它来鼓励和抑制某些研究精神、倾向与风格。

（3）经济学说史界要用它来对历史上的经济理论的形式、结构、逻辑完备性、认知性、功能和可操作性等进行分析和讨论，为后人提供启示。

（4）经济教育界要用它来培养和造就学生的科学精神与素养，并为学生在未来的工作中创造性地解决问题提供示范和“样板”。

（5）经济理论界要用它来作为决定引进哪些国外的经济理论的标准和原则。

（6）包括经济学在内的社会科学，要成为与自然科学一样的科学，也需要建立起参照自然科学理论科学性判定条件一致或相似的标准或判定条件。

5. 现代自然科学的飞速前进，尤其是横向科学——系统论、信息论、控制论等的产生和发展，已造成了自然科学和社会科学的互相渗透；尤其是系统论、信息论和控制论等被引入到经济科学中后，已能把经济理论序整化，

将其内容按结构、层次重新编组，对其构造等加以形式化处理，从而为建立统一的经济理论科学性判定条件提供了方法论基础。

6. 西方自然科学哲学几个世纪以来的演化，尤其是近一个世纪以来的进步，已经使得人们对于科学观的认识发生了许多变化，其中的许多认识，可以对社会科学及经济理论的科学性判定条件的创立，提供直接的帮助和启示。

7. 经济学方法论史上关于科学观的讨论，已有近两个世纪的历史。

历史上的各经济学方法论学者的意见、观点，从单独或孤立的角度看，未免偏颇或有局限性，但从整体上看，却几乎为我们准备了一套系统、完整的经济理论科学性的判定条件。

8. 经济科学史上有许多著名的、划时代的，甚至改变人类历史的理论。

从这些理论的形式、结构、逻辑等方面，我们可以得到许多有益的启示，即可以从中发现它们之所以能成功的必要条件，或发现著名经济学家们如何将他们对经济理论科学性的判定条件的理解，贯穿到他们的研究过程与研究成果中的。由此，我们也可以得到一组完整和系统的经济理论科学性的判定条件。

三、建立经济理论科学性判定条件的现代方法论基础

9. 经济理论产生的基础是存在经济问题，即需要经济活动主体——人或人的群体——去认识、评价和控制经济问题。所谓经济问题，就是指：

（1）在经济活动主体与经济活动过程和结果之间，出现了经济活动主体不知道经济活动过程的状态、经济活动结果的状况，以及这些状态、状况的各种原因，而主体又认为“值得去知道”并把知道这些状态、状况及其原因作为一种要经过努力探索、认真分析，才能实现的目的时，所形成的主体与经济活动间的认知关系。在过去的经济学中，这类问题被称为“是什么”（What to be）、“是怎样”（How to be）的实证经济问题。

（2）在经济活动主体与经济活动过程和结果之间，出现了主体认为某种特定的过程状态、结果状况最符合自己（以及其他某些人或群体）的利益和要求，其他的状态与状况不符合自己的利益和要求，且主体必须对此陈述理由或原因时，所形成的主体与经济活动间的认知—评价关系。在过去的经济学中，这类问题被称为“应是什么”（What ought to be）、“应该如何”（How ought to be）的规范经济问题。

（3）在经济活动主体与经济活动过程和结果之间，出现了主体认为经济活动过程和结果的状态及状况与自己的预期目标或利益要求不协调、不一致，甚至冲突的情况。主体希望弄清楚出现这些非预期的状态和结果的原因，并通过对某些影响或制约这些状态和结果的各种因素或条件的干预、调节和控制，使经济活动过程和结果的状态与状况符合自己的预期目标时所形成的一种主体与经济活动之间的认知—控制关系。这类问题，在过去的经济学中，被称为“做什么”（What to do）、“如何做”（How to do）的实证经济问题。

（4）在经济活动主体与经济活动过程与结果之间，出现了主体认为经济活动过程和结果与自己的预期目标不一致，主体可以采取多种方式，对多种因素进行控制和调节，使经济活动过程和结果符合自己的预期，但主体只采用某种方式，对某些因素进行控制和调节，而不采取其他方式，进而又必须对此进行解释和证明时所形成的主体与主体采用的方案间的认知—评价关系。在过去的经济学方法论中，这类问题被称为“应该做什么”（What ought to do）、“应该怎样做”（How ought to do）、“为什么应该做它”（Why ought to do this）、“为什么以这样的方式做”（Why ought to do in this）的规范经济（行为）问题。

10. 为了进一步定义经济问题，并为后面的讨论提供方法论基础，我们把控制论的“黑箱”理论引入讨论。

“黑箱”理论是一种新的认识理论，它的基本内容指人们在认识某种事物或活动的过程中，一旦只能看到这种活动或事物的外部状态或状况，而无法看到这种活动或事物的运行机制与内部构造，但又希望了解它们时，所采取的一种认识—操作方法，即从人们能够观察的各种状态、状况的相互关系上，来推测、模拟与证明对象的内部构造和运行机制。

经济问题的类型与“黑箱”理论处理问题的类型是一致的。将经济问题置换成“黑箱”问题的表述就是：

（1）人们对经济活动“黑箱”所输入输出的要素变量、状态变量、环境变量和结果变量即可观察变量等不知道，又希望知道时，采取哪些观察指标、观察角度才能够准确、全面、及时地知道自己希望知道的要素、状态、环境和结果变量的具体内容，即主体如何设置和设置哪些可以观察到“黑箱”活动的输入输出变量即可观察变量，才能实现预期目的。

（2）人们对观察到的经济活动“黑箱”所输入输出的状态与状况的原因即可观察变量之间的原因和经济活动“黑箱”的内部构造与运行机制不知道，又希望知道时，如何构造（经验型和逻辑型）可理解变量模型，才能理解和模拟经济活动“黑箱”的输入输出变量间的关系与必然性，即可观察的输入输出变量之间的各种关系与“黑箱”的内部运行机制。

（3）人们对用哪些价值评判——可评价变量——来作为衡量和评价人们观察到的经济活动“黑箱”输出的状态变量与结果变量即可观察变量的标准或原因不知道，又想知道时，如何陈述和推导出这些价值评判代表了自己的利益要求与预期目标的理由，即把这些价值评判确定为自己判断经济活动“黑箱”输出的状态变量和结果变量是否符合自己的利益要求与预期目标的标准，即确定为评价变量。

（4）人们认为经济活动“黑箱”输出的状态变量和结果变量与自己的可评价变量不一致、不协调，乃至冲突，又希望加以改变并使两者一致时，如何调节和控制哪些输入变量——可控制变量——来使经济活动“黑箱”输出的状态变量和结果变量符合自己的预期目标，即符合自己的评价变量。

（5）人们可以采取多种方式，对多组可控制变量，即对多组可控制的可观察的输入变量进行控制和调节时，但拟只采取其中一种方案，而不采取其他方案，且又须陈述和推导自己的理由时，如何模拟和评价这种方案的优劣和功能。

11. **当我们从“黑箱”理论出发，来探索经济理论的结构—功能关系时，我们可以发现，经济理论的基本功能是解释和解决问题。解释和解决现实经济生活中提出的认知—评价和认知—评价—控制问题。而从系统论的角度来看，经济理论所能解决的问题的性质和种类首先与其本身的结构功能有关——后者是前者的必要条件。**

（1）一个让人们知道的经济活动输入输出变量的数值或状态，或只能告诉人们经济活动的各个状态变量、结果变量各自是什么、是如何的理论，其内容就只有可观察变量一个部分，因而其结构就只有单一结构。

（2）一个不仅让人们得以观察经济活动的输入输出变量，知道其各个输入输出变量各自是什么，而且还让人们了解各输入输出变量的直接、间接的因果关系，即让人们对各个变量间的因果关系能够“知其然”的经济理论，其内容就一定包括一组可观察变量和一个（组）经验型可理解变量关系式或组合。

(3) 一个不仅让人们知道经济活动“黑箱”输入输出变量的特定内容和让人们知道经济活动“黑箱”的输入输出变量间的因果关系，而且还让人们知道经济活动“黑箱”的各输入输出变量之所以会有这样或那样的因果联系的内在机制，即让人们对各个变量间的相互关系能够“知其所以然”的经济理论，其内容就一定包括一组可观察变量，一个（组）经验型可理解变量组合和一个（组）逻辑型可理解变量模型。

(4) 一个不仅让人知道经济活动“黑箱”的各个输入输出变量是什么和对各输入输出变量间的相互关系能够“知其然”及“知其所以然”，而且还让人们知道调整、控制哪些可控制的输入变量，就能使经济活动“黑箱”输出的状态和结果变量符合自己或某些群体的预期目的的经济理论，其内容，就一定包含一组可观察变量、一组（两类）可理解变量模型或组合，一组可评价变量和一组可控制变量。

12. **因此，经济理论就其最终功能来讲，就是对经济活动主体在从事经济活动时所遇到的问题的认识、评价和控制。**

(1) 由此，对一个经济理论来说，要能很好地完成它的任务，就必须有能够真实、客观、准确地代表经济活动主体的评判的可评价变量；有能够使经济活动主体准确、客观、及时地观察经济活动的可观察变量；有能够使经济活动主体知道经济活动中各个可观察变量的因果关系，知道经济活动的内在结构、运行机制的可理解变量模型；有能够使经济活动主体对经济活动进行准确、有效的控制与调节，使经济活动的输出变量符合主体的可评价变量要求的可控制变量。

(2) 也就是说，一个结构完整、功能完全的经济理论，必须包括一组可评价变量、一组可观察变量、一组（两类）可理解变量和一组可控制变量。

如果一个经济理论中没有可评价变量，则这个理论得以产生的必要条件——经济问题——就没有产生和存在的基础。

如果一个经济理论中没有可观察变量，则这个理论就没有现实或经验的基础，因为理论的内容如不是来自观察的归纳，那么除了纯思辨之外，很难想象还有什么材料可作为它的加工对象，而纯思辨的东西未必能解决经济问题。

如果一个经济理论中没有可理解变量，则这个理论就无法对经济活动的输入输出变量间的关系进行模拟和证明，也就无法帮助人们理解经济活动的运行机制等。

如果一个经济理论中没有可控制变量，这个理论就不能满足人们要用它来控制对象的需要。

（3）由上所述，我们得到一个新的观念：一个理论的功能或其所能解决的任务，已潜在地由它的结构或组成成分决定了。因而，经济理论科学性的判定条件中一定包含经济理论的结构完整性。

13. **当我们从“黑箱”理论出发，来探索经济理论的逻辑关系时，“黑箱”理论中的逻辑关系的构建给我们的启示：**

（1）“黑箱”之所以成为黑箱，就是因为这个系统无法打开，使其变成“白箱”，让人们可以直接看到它内部的构造与运行机制。

（2）人们只能观察到“黑箱”这个系统的一个（组）或若干个（组）输入输出的状态、环境、原因、结果、指标、关系等（系统所有的输出同时也是系统的输入，系统所有的输入也就是系统的输出；这些输入输出均在变化中），我们把这些人们可以观察到的系统的随时处于变化中的输入输出变量状态、环境、原因、结果、指标、关系等称为可观察变量。

（3）由于是“黑箱”，人们不能直接知道所有变量之间的因果关系，而只能对这些变量之间的关系进行猜测，尤其是采用归纳方法，用概率的大数法则的方法，来建立可观察变量之间的因果关系与因果关系式。

因此，对于黑箱这种系统，人们只能用建立在归纳方法或归纳逻辑基础上的可观察变量之间的关系式来模拟其内部的结构或运行机制。

（4）但是，人们永远不会满足只用归纳方法或归纳逻辑来解释对象系统就是如此的、是这样的。人们希望还要用演绎逻辑来解释、证明对象系统必然是如此的、是这样的。

对“黑箱”系统也不会例外

人们永远不会只满足对“黑箱”系统“知其然”，而希望对“黑箱”系统“知其所以然”。

因而，人们就会用一个或一组由人们确定的关于人性的判断或由判断转化为的关于人性的公理、定理、定律和由人们已发现的关于自然的公理、定理、定律作为演绎逻辑的大前提，进行逻辑推理与证明，演绎与证明出相应的小前提与结论，即构成相应的理论“模型”来。

这里的小前提与结论应该是“黑箱”系统的相应的可观察变量之间的因果关系或关系式等，证明：在某个大前提下，只要出现了小前提（可观察变量A），就一定会出现某个结论、结果（可观察变量B）。

（5）在这里，用演绎逻辑推理来证明的关于“黑箱”系统的各个可观察变量之间的因果等关系的结论/结果，即大前提加变量间的关系模型与用归纳逻辑归纳、统计和综合来猜测、模拟的关于“黑箱”系统的各个可观察变量之间的因果等关系的结论/结果，即经归纳确认的变量间的因果关系式是否一致，就是对同时用两种逻辑方法来猜测、模拟、证明关于“黑箱”系统的各个可观察变量之间的因果等关系是否有效和是否成功的标志。

如果不一致，就表明演绎逻辑的模型和归纳逻辑的因果关系式至少有一个是错误的，是不能正确、真实、有效地反映“黑箱”系统的相应的可观察变量之间的因果等关系的。因此，在“黑箱”理论中，正确、真实、有效地反映“黑箱”系统的相应的可观察变量之间的因果等关系的逻辑方法一定是有一个（组）归纳逻辑的因果关系式，有一个（组）演绎逻辑的模型，而且，两者的结论一致或高度契合。

我们把符合或达到这个标准或要求的理论称为实现了逻辑完备性的理论。

（6）因此，根据控制的“黑箱”理论的逻辑建构与逻辑使用的启示，我们认为，一个理论的潜在功能或其所能实现的任务，已潜在地由它的逻辑的完备性决定了：经济理论科学性的判定条件应包含经济理论的逻辑完备性。

14. **当我们从"黑箱"理论出发，来探索经济理论的对自己的对象与任务的把握时，"黑箱"理论在确定工作对象、确定所要面对的问题、确定自己的任务的要求与约束时，对经济理论科学性的确定有独到的启示。**

"黑箱"理论是研究"黑箱"系统的理论。"黑箱"理论本身不能是"黑箱"。"黑箱"理论对理论的针对性和清晰性或可证认性（可证实性、可证伪性）有明确的、确定的要求。

（1）首先，应用"黑箱"理论去解释与解决某一个特定的"黑箱"系统的问题时，人们或研究者是有明确的任务的。

①用一个特定的具体的"黑箱"理论去解释与解决某一个特定的"黑箱"系统的问题：一事一论，没有放之四海而皆准的解决所有问题的理论。

②用一个特定的具体的"黑箱"理论去解释一个特定的"黑箱"系统的内在结构、运行机制和对各个可观察的输入输出变量间的因果关系进行猜测、模拟、解释、证明，即解决认知和认知—评价问题。

③用一个特定的具体的"黑箱"理论对一个特定的"黑箱"系统的一个（组）输入实施控制，最终实现对这个特定的"黑箱"系统的一个（组）或若干个（组）输出的控制，为此，要对这个"黑箱"系统的内在结构、运行机制和各个可观察变量因果关系进行猜测、模拟、解释、证明，从而找到可以控制的可观察变量—可控制变量等并实施控制，即解决认知—评价—控制问题。

因此，按"黑箱"理论的要求，应用"黑箱"理论去解释与解决某一个特定的"黑箱"系统的问题时，必须明确自己的任务、对象、目的、要求，否则，就使自己变成了真正的黑箱——胡说八道了。

也就是说，控制论的"黑箱"理论的应用要求提示：一个科学的理论，必须是有明确的对象、确定的任务的。

因而，根据控制论的"黑箱"理论的启示：经济理论科学性的判定条件中应包含定题性（确定对象、确定问题）、释题性和解题性（确定任务：解释与控制）。

（2）其次，应用“黑箱”理论去解释与解决某一个特定的“黑箱”系统的问题时，“黑箱”理论反对用模糊对模糊，强调无论是对可观察变量的确定，还是对可观察变量之间的各种关系包括因果关系的猜测、模拟、归纳、统计与综合，还是对可观察的输入输出变量之间的各种关系、因果关系的证明和推理，尤其是对可控制的输入变量的确定，都必须是清楚的、明确的、明白的，不会混淆的——陈述必须具有清晰性。

（3）由于应用“黑箱”理论去解释与解决某一个特定的“黑箱”系统的问题时，“黑箱”理论反对用模糊对模糊，强调陈述必须具有清晰性，因而在应用“黑箱”理论去解释与解决某一个特定的“黑箱”系统的问题时，所有陈述是可以被过程和结果检验的，可以被过程和结果证实的，也可以被过程和结果证伪的，即具有可证认性。

因而，根据控制论的“黑箱”理论的启示，经济理论科学性的判定条件中应包含理论的清晰性和可证认性。

15. “黑箱”理论是研究和处理“黑箱”系统的理论，是强调应用或实用的理论。用“黑箱”理论解释“黑箱”系统的输入输出的关系，也是服务于为解决控制“黑箱”系统的输入，从而控制“黑箱”系统的输出的。它不是一种纯粹思辨的理论，而是为了实施、为了操作的理论。

事实上，“黑箱”理论的每一个陈述，每一个推理，每一个结论，每一个控制措施，都是可以在检验和应用时，进行操作的，具有可操作性的。

因而，根据控制论的“黑箱”理论的启示：经济理论科学性的判定条件中应包含理论在应用与检验时具有可操作性。

16. 正是由此，我们可以发现，根据控制论的“黑箱”理论的启示，当我们把科学的任务与功能限定在用特定的方法去解决问题上，并从内在的结构功能关系和逻辑完备程度上，来探索经济理论科学性的判定条件时，首先要考虑理论的结构与理论科学性的关系，其次要考虑理论的逻辑状况与理论科学性的关系；当我们从理论与外部环境的关系上，来探索经济理论科学性的判定条件时，首先要考虑理论的清晰性或可证认性与理论科学性的关系，

其次要考虑理论对所要解决的问题的确定，最后要考虑理论所具有的解释认知问题和解决控制问题的功能与理论科学性的关系；当我们从理论的内容的实施方面，来探索理论科学性的判定条件时，我们要考虑的是理论的可操作性与理论科学性的关系。

换言之，当我们按照系统论、控制论、信息论等横断学科的要求和爱因斯坦关于科学理论评价是从“内部完备”和“外部证实”进行的思想，使用控制论的“黑箱”理论来重新构造与界定经济理论及其科学性，并展开我们的讨论时，可以知道系统的经济理论科学性的判定条件由下述条件构成：

（1）经济理论结构的完整性；

（2）经济理论逻辑的完备性；

（3）经济理论的陈述或结论的可证认性；

（4）经济理论的定题性、释题性和解题性；

（5）经济理论应用和检验的可操作性。

四、经济哲学科学论对建立经济理论科学性判定条件的启示

17. 历史上的经济哲学科学论是存在于经济哲学方法论中的。历史上的经济学方法论学者中，有不少人直接和间接地提出了自己的科学论——经济理论科学性判定条件的思想和见解。这些思想、见解无疑充满了真知灼见。但是，他们的意见和观点，孤立地看，都缺乏系统性和完备性，因而至今没有一套系统的经济理论科学性判定条件组合。可是，当我们把他们的意见和观点集中起来，分析整理后，几乎可以得到一个符合现代科学精神，且切合经济学界的实际状况的经济理论科学性判定条件的系统组合。

18. 在历史上的经济学方法论学者的追求中，经济哲学科学论确定的经济科学的任务。

（1）古典学派、新古典学派以及其他经济学派的学者认为，经济学的任务就是研究与发现支配财富的生产、分配、交换和消费的法则。詹姆斯·穆勒说，经济学是研究社会现象中关于财富的法则的学问。熊彼得宣称：经济法则之集聚便构成纯理论的经济学。

（2）马克斯·韦伯、斯苔芬格、左右田喜一郎、桑巴特等人却认为，研究和发现经济法则并不是经济学的任务，而只是经济学要完成的任务——解决对经济现象及其内在原因的认识——所须用的工具。

（3）瓦格勒和毕协耳则强调，经济学的任务在于现实经济问题的解决。

（4）门格尔和庞巴维克则认为，经济学的任务一方面在于对经济现象的认识和理解，一方面在于解决实践中的问题。

（5）因此，从上述学者的意见被接受的情况看，经济哲学确定的经济科

学的任务是解决现实经济生活中的认知、认知—评价和认知—控制问题。

19. 在历史上的经济学方法论学者的追求中，与经济科学的任务是解决认知、认知—评价和认知—控制问题相适应，科学的经济理论又必须具有哪些结构因素或构成部分呢？

（1）马克斯·韦伯认为，社会科学在问题选择时，是与价值判断有关的，即那些与价值判断没有关系，或不包含价值判断的纯粹的认知问题，仍然是以“值得去知道”的价值评判为前提的。

（2）李斯特、罗雪尔、希尔德布兰德、克尼斯、施穆勒、布伦塔诺等历史学派成员和老凯恩斯，十分强调对经济现象的观察。他们认为，不知道各国国民经济的具体情况和变迁情况，是不能建设科学的经济学的。也就是说，他们比其他经济学家更加强调可观察变量在经济理论的构造中的作用和功能。

（3）新旧历史学派的成员都十分强调对经济现象的因果关系的揭示，甚至极端地把寻找经济现象的因果关系作为理论经济学的唯一内容；门格尔和庞巴维克也认为经济理论要完成自己的任务，必须包括经济现象的因果法则；老凯恩斯也认为，经济理论中必须有关于经济现象的因果法则的部分；马克斯·韦伯更是直认经济理论中必须包括一个帮助人们“构造历史和现实的经济现象之间的因果联系”的模型。换言之，在他们看来，经济理论要完成自己的任务，其中必须在结构中含有一个帮助人们理解经济现象的因果关系的经验型可理解变量模型或关系式。

（4）西尼尔、约翰·穆勒、坎恩士等人认为经济学是以“经济人”为前提的抽象的演绎的科学，即根据基本原理可以推演出一系列的中位原理和下位原理的理论组合；门格尔和庞巴维克认为经济学要完成自己的认识任务，除了须有因果关系的经验法则外，还须包括一个由演绎推理所形成的关于经济现象的类型和类型之间的精确的法则部分；老凯恩斯也认为，经济理论中还须有一个对已建立的经济现象的因果法则进行解释和说明的逻辑推理部分；马克斯·韦伯和桑巴特也认为经济理论中须有一个帮助人们了解“现实或历史上的经济的性质、发现现实的特征和实质”，并能“将历史上或现实中的经济生活，用一个逻辑统一的理论模型表示出来”的理论“范型”。换言之，要使人们在认识和理解经济生活时，不仅实现“知其然”，而且还能实现“知其所以然”，在经济理论的构造中就必须包含逻辑型可理解变量模型。

(5) 施穆勒、库恩、赫克勒、海塞等认为，经济理论中不应该包括主观的价值判断，但却应该包括客观的价值判断。用施穆勒的话说，这个客观的价值判断就是：全国的全时代的甚至全世界之共同的价值判断。库恩认为，宇宙观不但不为科学研究之障碍，而且还为科学研究之前提。赫克勒认为，经济学与医学一样，医学可以在“保健”的理念下进行价值判断，经济学亦可在“国民福利之促进”的统一理念下，对经济生活进行价值判断。海塞说：经济社会，根本为一目的构成体，在此目的构成体内，其主要事项当然为目的与手段，或目的与目的的关系。此目的与手段或目的与目的之关联，即为构成经济现象的要素，故吾人于研究经济现象时必行技术的价值判断甚至道德的价值判断，实为势所必然。威尔布兰德、赫兰德和夏克等人认为，如果有超越的目的即假定的价值理念存在，则本于此超越的目的以行假定的价值判断，亦非全不可能。但是他们认为，这个超越的目的不能只是抽象的形式的假定，而须有明了的具体的内容，且为使其能成为衡量现实的标准起见，此超越的目的尤其不能与现实生活发生矛盾。由于可能的超越的目的极多，威尔布兰德是用“匮乏的防止”，赫克勒是用“国民收入与国民财富的增长”为经济学的超越目的。换言之，在他们看来，经济理论中，尤其是在以解决现实经济问题为己任的经济理论中，必须有一个（或一组）价值判断，即代表某类经济主体的要求——“应该是什么”——的可评价变量。

(6) 斯密、李嘉图、新旧历史学派的成员、门格尔和庞巴维克等人都强调，经济理论中必定要或多或少地包括供经济主体控制经济生活，使经济生活的状态及结果与自己的预期达到一致的政策建议（或称实践部分），即各种可控制变量和控制目标、目的、原则、方式、方向、措施和参数等。

(7) 总而言之，在历史上的经济学方法论学者看来，解决认知问题的经济理论的构造中，必须包括一个可评价变量（“值得去知道”），一组可观察变量和一组两类可理解变量（解决认知—评价问题的理论构造同此），解决认知—控制问题的经济理论中，其必须由一组可评价变量、一组可观察变量、一组（两类）可理解变量、一组可控制变量组成。换言之，他们的结论为我们判定经济理论的科学性提供了第一个条件——经济理论的结构完整性。

20. 在历史上的经济学方法论学者的追求中，与经济理论的任务是解决问题相适应，经济理论在逻辑方面又必须达到什么要求呢？

（1）西尼尔、穆勒、坎恩士等人认为，虽然归纳法对经济理论的形成是必不可少的，但归根到底，经济学只是演绎的科学，因而经济理论的科学性判定只在于其是否符合演绎逻辑的要求。

（2）李斯特、罗雪尔、希尔德布兰德、克尼斯、施穆勒、布伦塔诺等人认为，经济学只是历史的归纳的科学；他们甚至极端反对在经济研究中使用演绎法，所以，在他们看来，经济理论的科学性判定只在于其是否符合归纳逻辑的要求。

（3）门格尔、庞巴维克、瓦格勒、毕协耳等人则认为，在经济理论中，演绎法和归纳法同样重要，且各自有专门的功能，彼此不能互相取代。但是，他们却没有分析在同一理论中归纳法的结论如何与演绎法的结论结合起来，为解决同一问题服务。

（4）老凯恩斯不仅认为经济研究且经济理论必定包括归纳法和演绎法的内容，而且认为这两者在解决同一问题上的结合是用演绎法进行的推理和结论，要与用归纳法所建立的经济现象的因果关系式一致。

（5）由此可知，在他们看来，经济理论是否成为科学理论，在逻辑方面的要求就是：

A. 其经验型可理解变量关系式所揭示的经济现象的因果联系必须符合归纳逻辑的要求；

B. 其逻辑型可理解变量模型对经济现象之间的因果联系的证明或解释，必须符合演绎逻辑的要求；

C. 其描述的可控制变量等与控制目标间的关系，必须符合归纳逻辑和演绎逻辑的要求；

D. 其给出的可评价变量与某类主体的利益追求间的关系陈述，必须符合归纳逻辑和演绎逻辑的要求；

E. 其经验型可理解变量关系式的内容要与其逻辑型可理解变量模型的推理和结论相一致。换言之，在他们看来，经济理论科学性的第二个判定条件就是经济理论的逻辑完备性。

21. 与经济理论的任务是解决问题相适应，经济理论在接受经验检验或接受证认方面，又必须达到什么要求呢？

（1）西尼尔、穆勒、坎恩士认为经济理论能否成为科学，就在于它能否经得起经验的检验或证认。证实的就是科学，证伪的就不是科学。

（2）哈奇森主张，任何经济学说要取得科学的资格，必须经受在人与人之间的验证。他认为，经济学所研究的应当是可以在经验上加以验证的命题，且加以验证的是前提而不是理论的预言。在他看来，判定经济理论科学与否的标准在于能否检验，且在检验中得到证实。

（3）里普瑟推崇波普的证伪主义方法论，并从经济学的实际出发，对其作了修正，提出统计检验方法。他认为，对于一个理论来说，证实和证伪永远不能最后完成，因而人们能做的是判定一个理论的真伪的概率。换言之，在他看来，理论只要具有可证认性，即无论证实或证伪，就是科学的理论。

（4）帕潘德雷欧认为，只有经过验证的理论才是真正的理论，而历来的经济学所建造的经过验证的理论并不多。换言之，在他看来，理论科学与否就在于其能否接受检验。

（5）弗里德曼认为，理论是否具有科学性，一方面取决于其做出预言的能力，一方面取决于其能否接受经验事实的检验。但他认为，对理论的前提加以检验是不必要的，因为前提的虚假不是缺点而是优点。

（6）罗宾斯也认为，理论必须通过检验才能是科学的理论。

（7）总之，无论是持有“证实”科学观，还是持有“证伪”科学观，以及持有“验证”科学观的意见，换个角度看，都是要求理论必须具有清晰性，从而可以用经验事实乃至其他手段加以证认，才能成为科学理论。也就是说，在他们看来，经济理论科学性的判定条件之一就是经济理论的可证认性（或可检验性）。

22. 与经济理论的任务是解决问题相适应，经济理论必须具备哪些功能呢？

（1）亚孟和桑巴特认为，理论要成为科学，其前提是将经验现象按一定的选择原理加以分类，把其中可以在逻辑上构成一个统一的思维模型的事物的联系，作为理论的认识对象。换言之，经验现象太多，不能全部成为一个理论的对象，因而人们只对其中自己关心的现象进行考察和研究。这样，特定的经济理论只研究特定的相关的经济现象和解决特定的经济问题。从这个意义上讲，经济理论要成为科学理论，就必须明确确定自己所要解决的问题是什么，反之，那些自称要解决所有问题的“百科”“大全”式的经济理论就不一定是科学理论。

（2）桑巴特、马克斯·韦伯认为，经济理论能否成为科学，就在于其是否能帮助人们理解经济现象及现象间的关系，换言之，就在于经济理论是否具有解释问题的功能。

（3）老凯恩斯也持有类似的看法，即经济理论必须具备解释和说明经济现象及其原因等的功能，才能成为科学。

（4）门格尔、庞巴维克、瓦格勒、毕协耳认为，经济理论要成为科学，其中一个重要条件就在于其是否具备解释经济问题——从经验和逻辑两个角度解释经济现象的因果联系、内在机制等——的功能。不仅如此，在他们看来，经济理论要成为科学，还应该具备解决现实经济问题的功能，或具有实践的目的、对象、方式、原则等内容。换言之，在他们看来，判定经济理论科学性的一个重要方面就在于其是否具有解释经济问题和解决经济问题的功能。

（5）概而言之，从上述学者的意见中可知，经济理论要成为科学，必须具有确定要解决的问题、解释认知问题和解决控制问题的功能。

23. 与经济理论的任务是解决问题相适应，经济理论在付诸实施或进行检验时又须达到什么要求呢？

萨缪尔森认为，按照布里奇曼的操作主义方法论，经济研究的目的在于建立有实用意义的经济理论，而有实用意义的经济学理论的基础只能是经验材料。因而，在他看来，经济理论只有同实际领域和观察资料紧密联系，并能经受住后者的检验——将经济理论的抽象概念同可进行物理度量的经济操作联结起来，并可从操作上对经济理论的概念和推理进行验证时，经济理论才是科学的。换言之，那些只是停留在思辨上，而不能进行具体操作和实施的理论内容或推理，还不能算是科学。

由此，可以说，经济理论的应用和检验的可操作性则是经济理论科学性的判定条件之一。

24. 概而言之，从对经济哲学科学论史上的各种观点的归纳中，可以知道系统的经济理论科学性的判定条件由下述条件构成：

(1) 经济理论结构的完整性。

(2) 经济理论逻辑的完备性。

(3) 经济理论的陈述或结论的可证认性。

(4) 经济理论的定题性、释题性和解题性。

(5) 经济理论应用和检验的可操作性。

五、近现代自然科学哲学对建立经济理论科学性判定条件的启示

25. 近现代自然科学哲学的起源可以追溯到培根和笛卡儿，但其直接起源却是对黑格尔思辨哲学（“形而上学”或非实证的“知识”）的反思。由此，西方哲学逐渐形成了一个新的研究领域，即以历史上的和现存的科学知识、科学实践及科学方法为对象，研究科学之所以为科学，之所以异于非科学；科学知识之所以确实，科学方法之所以合理的问题，从而产生了20世纪的西方科学哲学。

（1）早在17世纪，西方哲学研究的中心就开始从本体论转向认识论，开始从人们获取知识的过程来研究所获得的知识的真假——知识的真理性要由取得知识的过程（方式、方法）来保证。

（2）经验主义者认为知识的真假应由经验来判定。但不可知论的质难表明这一方法不能简单地移植到哲学中来。理想主义者认为普遍必然的知识之所以会存在的理由，就在于它是主体性质或主体能力的一种体现物。这样解释的困难在于，知识真假的判别一旦成为纯主观的事情，就无法解释知识何以能用于实践，并必须受到实践经验的严格检验的事实。

（3）由于经典认识论的失败，20世纪初，西方哲学出现了第二次转变——从经典认识论转向知识论。知识论，亦即对科学知识的研究，是科学哲学的开始。这时，哲学以已有的知识为对象，分析知识的构成成分及各成分之间的逻辑关系，研究科学与非科学的区别，考察科学家接受或拒绝某种结论时所依据的理由和所使用的方法，揭示科学的演化机制。

（4）培根主张科学是一个归纳系统，普遍的一般的知识是通过归纳大量来自经验观察的具体的特殊知识形成的。这种看法受到休谟的“归纳问题”

的挑战——任何归纳结论总存在出错的可能，总不可能完备。笛卡儿主张科学是一个演绎系统，普遍的一般的知识只可根据少量最原始的不证自明的先验真理演绎而来。这种立场在逻辑上无懈可击。但也有自己的致命伤：科学的基础的前提是什么？它们本身的真理性又由什么东西来保证？

（5）康德认为，使知识能呈现出普遍性和必然性的因素，既不是认识过程之外的某种神秘力量（上帝的意旨等），也不是作为知识的原材料的经验，而是认知过程所具有的形式。虽然康德的方法在研究科学和论证科学成果时仍然失败了，但其有不可磨灭的贡献：使对认知过程的研究被对知识的研究所取代，从而对认知过程的形式的研究就被对知识的形式的研究所取代。这样，知识之所以可能为普遍必然，完全是由于知识的形式（逻辑形式）决定的；知识的内容（与逻辑形式相对的事实性内容）则来自经验，它们是具体的，不需要在它们中间去寻找知识的普遍必然性来源。

（6）由此，人们转向逻辑的研究，企图表明逻辑是一切普遍而必然的知识的基础，结果产生了罗素的逻辑原子主义：逻辑是完全先天的；原子是完全经验的；知识处于两者之间的中间地带；作为科学哲学之开始的知识论，研究的就是作为这一中间地带的知识应该如何被还原为它的两极：它的形式应被还原为逻辑，它的内容应被还原为经验。

（7）由此，经济哲学科学论的研究对象，也应是经济知识及其构成成分和各个成分之间的逻辑关系，换言之，就是研究知识的形式结构或形式化因素及其关系。经济知识的一般形式结构是：经济思潮、经济思想、经济理论、经济学原理四个部分；经济知识的典型形式是经济理论，其结构分成两类——解决认知及认知—评价问题的理论结构由可观察变量、可理解变量和“值得去知道”的可评价变量构成；解决认知—控制问题的理论结构由可观察变量、可理解变量、可评价变量和可控制变量构成。

（8）因此，从科学哲学的知识形式论的观点来看，经济理论科学性的判定条件中，应该包括一个条件：经济理论结构的完整性。

26. 西方科学哲学对科学知识是归纳的，还是演绎的，或是兼顾两者的认识，也经历了漫长的过程。

（1）早期的归纳主义倾向的代表是培根，早期的演绎主义倾向的代表是笛卡儿。它们的内容见前述。

（2）康德的先天主义力图综合归纳和演绎两种方法，认为科学知识的获得在于同时兼顾使用两种方法。

（3）逻辑经验主义赞同归纳主义的科学观，强调对知识的自上而下的还原处理作自下而上的归纳。但是自从休谟提出质难（见前述）以来，归纳主义一直缺乏根基。

（4）由于归纳主义的缺陷，知识论中出现了反归纳主义。反归纳主义的中心是“科学假设”。这一观点认为任何科学知识首先都是以假设的形式被提出来的，但假设并不是从经验材料中归纳得来的。它只是人们的一种猜测。换言之，科学假设并不能简单地用一套给定的归纳规则通过逻辑推理而从大量观察中得出。科学中的逻辑推理要在科学假设提出之后才能开始，而此时的推理就仅仅只用到演绎——从假设演绎出一些可以与经验材料比较的具体结论。这些结论与经验材料的比较就是对假设进行检验。

（5）上述观点及其局限性说明，任何单靠归纳逻辑或演绎逻辑所形成的理论知识，都存在不可克服的困难。事实上，归纳逻辑只是处理经验事实间的相互关系；演绎逻辑只是处理对用归纳法所得到的经验事实间的相互关系之所以如此的证明；假设—演绎逻辑处理的只是演绎逻辑大前提的工具性和演绎逻辑本身的功能。

（6）因此，按科学哲学对逻辑与科学理论间的关系的思考来看，理论要成为科学，一方面必须包括用归纳逻辑得到的经济现象的因果关系式，一方面必须包括用“假设—演绎逻辑”得到的逻辑推理和模型；不仅如此，按假设—演绎逻辑的要求所得到的逻辑推理模型，必须与用归纳逻辑所得到的经验现象的因果关系式一致。也就是说，理论要成为科学，必须具有逻辑完备性。

（7）由上所述，按科学哲学对科学与逻辑的关系的思考来看，经济理论要成为科学，在逻辑上的要求就是：经验型可理解变量必须符合归纳逻辑；逻辑型可理解变量必须符合假设—演绎逻辑；可控制变量与控制目标间的关系必须符合归纳和演绎逻辑；可评价变量的内涵与特定主体的利益间的关系必须符合归纳和演绎逻辑；经验型可理解变量与逻辑型可理解变量必须一致。一句话，经济理论科学性的判定条件应该包含经济理论逻辑的完备性这个条件。

27. 西方科学哲学对科学理论与检验、证认间的联系的争论也源远流长。

（1）古典理性和经验论者都认为科学知识是“绝对无误”的，是经过证明的知识。但对于理性论者来说，其困难在于，能否得到绝对无误的，绝对真实的前提或本体性知识；对于经验论者来说，其困难在于：能否保证经验基础的确定性和归纳推理的正确性与完备性。由于这两个难题无解，一切知识都变成不可证明的了，因而不存在绝对无误的知识，从而使得人们对知识科学性的认识转向相对观。

（2）逻辑经验主义者卡尔纳普认为区别科学与非科学知识的标准是“有意义”。他提出四种不同的“有意义”的标准——完全可检验性，完全可确认性，一定程度的可检验性和一定程度的可确认性。这种标准，虽然把形而上学的思辨知识的陈述作为无意义的，从科学中排除掉了，但由于发现经验科学的陈述具有超出能够用有关的观察语句来表述的意义之外的剩余意义，就使得用这个标准来做科学与非科学的划界标准太苛刻了。

（3）逻辑经验主义者中的另一些人认为，观察陈述或数据既是科学语言的有意义的唯一源泉，也是科学陈述的辩护的唯一根据。由此得出，可以由作为证据的观察陈述与假说的逻辑关系得到一个假说的确认程度与概率，并以此来区分科学与非科学。这就倾向用证实来作科学与非科学的分界。但是，由于观察包含理论，观察和理论之间的区别趋于消失，证实标准的单独使用会造成误差。

（4）波普认为，科学的合理性并不在于它的为支持意见而诉诸经验证据的习惯（即证实性），而唯独在于它的批评方法（即可检验性或证伪性）。波普坚持，可检验性和证伪性才是科学和迷信、科学和形而上学的分野。进而，波普提出“逼真性”和“确认程度”的思想，来作为科学进步的测度和理论所受检验的严峻性程度与它经受住这些检验的程度的一个测度。但是，科学活动并不仅仅是科学革命活动，还包括科学常规活动，此外，诸如占星术和原始科学也是可检验的，因此，波普标准的单独使用也会带来偏差。

（5）拉卡托斯经过对波普观点的发展，形成了精致的证伪主义，提出用“接受规则”来做理论科学与否的划界标准。拉卡托斯认为，只有当一个理论把它的超过先行者（竞争者）的多余经验加以确证，即只有它导致新事实的发现，它才是“可接受的”或“科学的”（这个标准分成两部分：新理论有多余的经验内容——可接受性 A，或这个多余的内容的一部分得到证实——可接受性 B）。这样的见解，无疑是深刻的，但是由于一方面这个标准只能用于两个经验内容可以比较的理论上，一方面又存在“库恩损失”（科学革命中，新理论说明的内容，往往比已被接受的旧理论的少），因此，拉卡托斯标准的使用也受到限制。

（6）从科学哲学对分界标准的思考演变来看，单独用理论的证实性和证伪性来做科学与否的划界标准都有致命的缺陷。事实上，凡是科学的知识，或多或少都是经受过实践的检验且被证实过；同样，由于人类认识的不断进步，过去的知识，无论科学与否都会在人类认识进步的过程中被证明是错误的、有局限性的，即被证伪。所以，将科学与非科学的划界标准确定在可检验性或可证认性（包括证实与证伪）上，更符合科学本身演化的历程。

（7）因此，按照科学哲学家们的意见来看，经济理论科学性的判定条件中应包含经济理论的陈述和结论的可证认性这个条件。

28. 西方科学哲学对科学的任务与科学理论间的关系，也有十分深刻和独到的见解。

（1）库恩认为，科学与非科学的划界标准诚然是可检验性，但是，在什么方面进行检验呢？库恩不赞成只对理论的陈述或结论本身进行检验，而认为检验主要应针对理论是否解决了疑难问题。库恩把科学分为常规科学与革命科学，并把划界标准确定在常规科学知识与非科学知识之间。他认为，判定一个知识是否是科学知识的标准，在于其是否解决了疑难问题。因而，由前科学发展到科学就是由批评议论方式转变到解决疑难方式。这个见解即用理论解决疑难问题与否来做理论科学与否的划界标准，才真正揭示了科学的任务与理论科学性之间的内在联系。但是，库恩强调的是解决了疑难问题。可是，一个问题的解决涉及许多约束条件，而不是理论一个条件作用的结果。因此，库恩标准就太苛刻了。不过，倘若将库恩标准做一点修改——用理论具有解决疑难问题的功能取代理论解决了疑难问题，就更符合科学本身的要求。

（2）显而易见，既然经济理论是为了解决问题而产生和形成演化的，是否具有解决问题的功能就必然与经济理论能否成为科学相关了。进一步讲，既然理论科学与否在于理论是否具有解决问题的功能，那么，理论是否明确限定或确定了自己所要解决的问题的性质、种类和范围，就成为理论能否成为科学理论的条件之一 ——理论的定题性。不仅如此，由于经济问题分为认知问题，认知—评价问题和认知—控制问题，则理论解决疑难问题的功能就进一步分为解释认知、认知—评价问题的功能——释题性和解决认知—控制问题的功能——解题性。

（3）因此，从科学哲学的思想来看，经济理论科学性的判定条件中应包括经济理论的定题性、释题性和解题性。

29. 概而言之，从对西方自然科学哲学的各种观点的分析、归纳和评论中，我们可以发现，经济理论科学性的判定条件应该包括下述标准：

（1）经济理论结构的完整性。

（2）经济理论逻辑的完备性。

（3）经济理论的陈述和结论的可证认性。

（4）经济理论的定题性、释题性、解题性。

30. 当然，正如当代科学哲学家夏皮尔的观点所示，科学中没有任何东西是内在神圣不可侵犯的，因此，随着科学知识的发展，对自然进行思考的规则也会变化，因而判定和评价理论科学与否的标准也具有“可变性”。但是，他也认为，不同时期的各类标准之间仍然存在合理演化的轨迹。笔者认为，上述从科学哲学的启示中所得到的一组经济理论科学性判定条件，也只是经济哲学科学论发展道路上的一个阶段性的认识而已。

六、经济科学史上三大著名经济理论对建立经济理论科学性判定条件的启示

31. **无论是经济哲学科学论史中的见解，还是自然科学哲学的结论，对于我们建立系统的经济理论科学性判定条件无疑是有帮助的。但是，经济理论科学性的判定条件更应该植根于经济学家的工作成果中。换言之，只有植根于经济学家的工作成果中，或者是将经济学家们的内在科学素质、科学精神显现出来的经济理论科学性判定条件，才可能得到经济研究工作者的支持，才可能对尔后的经济研究工作及其成果发生影响。因此，我们拟从历史上的一些著名经济理论的解剖上，来了解经济学家们对理论科学性与否的理解。**

32. **卡莱斯基的《商业周期理论纲要》理论结构、功能剖析。**

（1）卡莱斯基在研究国民收入决定和经济周期问题时，其设置的可评价变量是："消除失业"、"使再生产顺利进行"、"消除劳动人民生活水平恶化趋势"和"改进劳动人民的生活状况"。

（2）卡莱斯基用以观察资本主义经济活动和经济周期的可观察变量是：总利润（包括折旧、未分配利润、红利、非公司企业的提款、地租和利息）、工资和薪金、总投资（包括净投资和重置投资）及其变化量、资本家消费、工人消费、储蓄、投资决定及其时间、投资实施及其时间、有效需求、存货量及其变化量、生产能力的利用率、失业率、生产、供给、国民收入、国民生产总值、税收、政府支出、资本存量、投资利润率等。

（3）卡莱斯基经过观察、分析，得到一个由上述可观察的输入输出变量的关系组成的国民收入决定及经济周期运行的经验型可理解变量关系式（见图1）。他发现，投资的波动导致了社会有效需求的波动、国民收入的波动、

工人生活水平的波动和经济周期的波动。

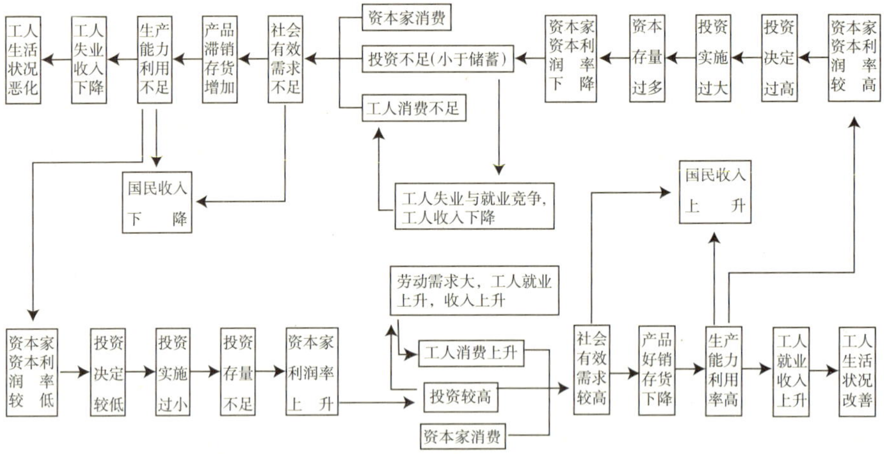

图1　卡莱斯基的经验型可理解变量关系式

（4）卡莱斯基在得到资本主义经济现象（经济活动黑箱的可观察的输入输出变量）的因果关系式——经验型可理解变量模型后，又建立了逻辑型可理解变量模型，对经济现象之所以会出现这种关系的内在机制进行了证明和解释。卡莱斯基假定资本主义经济分成三个部门；资本主义社会分成两个阶级；资本主义经济是一个封闭体系；政府收支两抵；工人收入全部用于消费，没有储蓄；资本家的行为是绝对利己且追求利润最大化。由此，得到一个逻辑型的可理解变量模型（见图2）。

由此，卡莱斯基证明：在资本主义经济条件下，由于工人无储蓄，资本家才有储蓄，而资本家的储蓄转化为投资的水平是由资本家按其利己心根据利润率的高低决定的。因此，当客观经济运动使利润率出现升降波动时，资本家的投资水平会反向升降，由此造成国民收入水平的周期波动和工人生活状况周期性变化。

（5）卡莱斯基在模拟和解释、证明了资本主义经济周期在资本家的利己行为下不可避免后，就进一步寻找能够抹平周期的、可控制的经济活动“黑箱”的输入变量，来使控制目标，如就业、再生产、经济周期等被控制在控制目的——消除失业，使再生产稳定进行，消除经济周期波动——所要求的范围内。

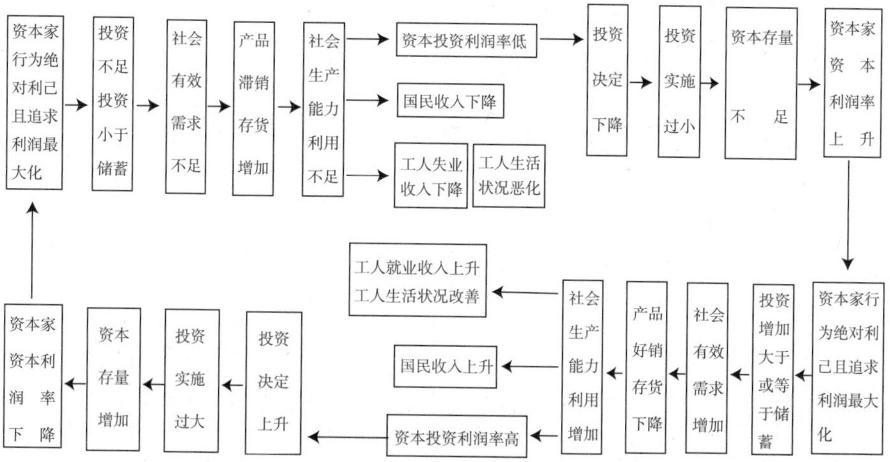

图 2　卡莱斯基的逻辑型可理解变量模型

卡莱斯基认为，要做到这一点，关键在于使投资水平所制约的社会有效需求水平能够买完社会产品。既然资本家做不到，政府就应出面干预。

卡莱斯基建议政府采取的可控制变量是：

A. 政府的财政收支；

B. 政府影响私人投资；

C. 政府调节收入再分配；

D. 政府控制进出口。

他建议的控制方式是国家直接干预经济。

控制方向是增加有效需求：

A. 增加政府财政支出；

B. 鼓励私人投资；

C. 使收入分配均等化；

D. 鼓励商品输出。

控制措施是：

A. 实行赤字预算支出；

B. 实施刺激私人投资的政策；

C. 通过税收和转移支付使两个阶级收入差距缩小。

由上述分析可知，卡莱斯基的理论是由四个部分组成，且能解决认知和认知—控制问题。

33. 凯恩斯的《就业、利息和货币通论》理论结构、功能剖析。

（1）凯恩斯在研究如何认识和解决失业及使国民收入稳定增长的问题时，其可评价变量是：社会应保证充分就业、经济稳定增长、消除危机和周期波动、实现收入分配平等。

（2）凯恩斯用于观察资本主义经济活动及失业和经济周期的可观察变量是：劳动者失业水平、非自愿失业水平、资本家在现行价格下愿雇工人的人数、资本家已雇工人人数、生产产品量、存货水平、待售商品量（总供给）和已售商品量（总需求或有效需求）及两者的差额、消费倾向、储蓄倾向、边际消费倾向、边际储蓄倾向、资本资产的预期收益、重置成本、资本边际效率、流动偏好、利息率、货币供应量、交易动机、投机动机、谨慎动机、利息率下降状况、经济生活的不确定性、国民收入及其增量等。

（3）凯恩斯通过对上述经济活动输入输出变量进行观察、分析后，得到了一个经验型的可理解变量关系式（见图3）。他发现工人失业率高、国民收入水平下降的原因是社会有效需求水平不足，即社会的消费不足、投资小于储蓄。

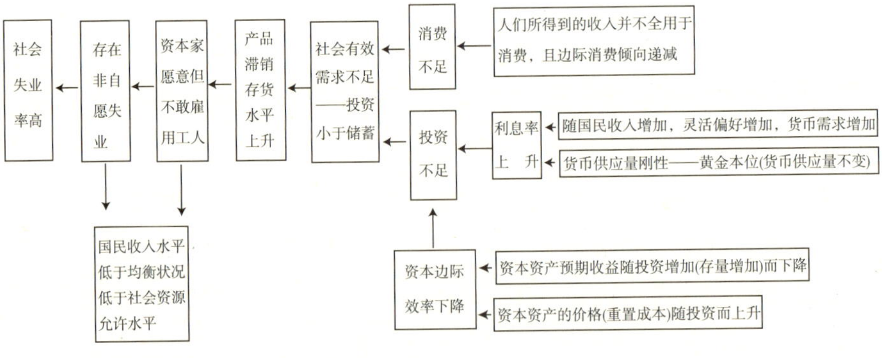

图3 凯恩斯的经验型可理解变量关系式

（4）凯恩斯在得到经验型可理解变量的关系式后，就进一步探讨，寻找一个能对之进行证明和解释的逻辑型可理解变量模型，以揭示资本主义经济的内在机制（见图4）。通过逻辑型可理解变量模型，凯恩斯一方面解释经验型可理解变量关系式所揭示的联系的必然性，一方面证明了由于人性、经济生活的不确定性和人的三个心理规律的作用，资本主义经济自身不可能消除经济周期或危机、消除非自愿失业，使国民收入达到资源允许或充分就业的水平。

（5）凯恩斯在确立了两个可理解变量模型，解决了对资本主义经济的认知问题后，便进一步着手来解决对资本主义经济的认知—控制问题。

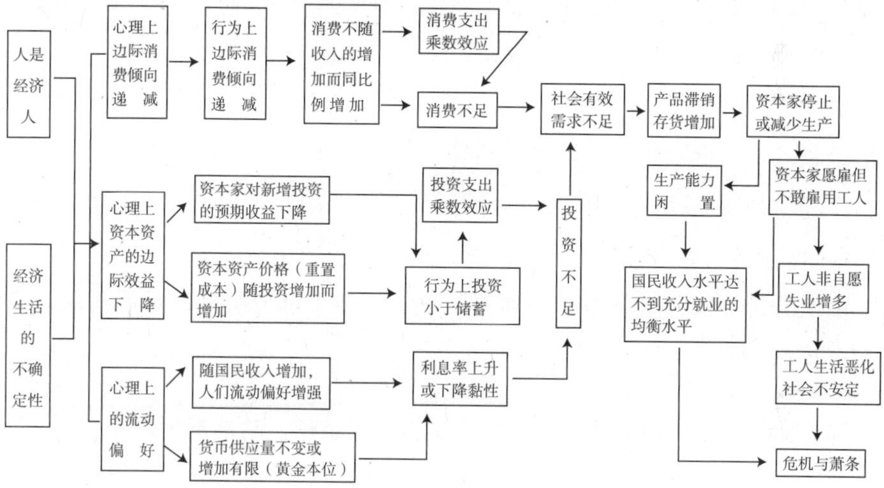

图4　凯恩斯的逻辑可理解变量模型

凯恩斯认为，只要资本主义条件下的人性不改变，资本主义经济必定长期处于小于充分就业的状况中，而要改变这种状况，就只能借助“站在”资本主义自发经济“之外”的国家的行为（国家的行为不是利己的“经济人”的行为）。

同时，凯恩斯认为，由于解决问题的核心在于提高社会有效需求水平，因而政府的一切行为都应围绕提高有效需求水平这一点。

为此，凯恩斯设置了控制目标：充分就业、国民收入增长和经济稳定增长。

控制目的：消除非自愿失业、生产能力充分利用、抹平经济周期。

可控制变量：政府财政政策、政府货币政策、政府外贸政策、政府消费政策和公共福利政策。

控制方面：增加有效需求、补足投资小于储蓄部分。

控制方式：政府直接干预经济生活。

控制措施：

A. 政府实行财政赤字和扩大财政支出的膨胀性财政政策、增加政府投资，并在乘数效应的作用下，刺激和带动私人投资；

B. 政府直接参加公开市场业务，调整中央银行再贴现率与银行法定存款准备金比例，实行温和的半通货膨胀的货币政策，增加货币供应量，降低利率以刺激投资；

C. 政府用累进所得税和转移支付的办法实行收入再分配，使高收入者的一部分收入转给低收入者，以提高消费；

D. 政府鼓励输出资本和实行保护贸易、争取顺差；

E. 政府倡导全体居民实施高消费，以提高消费水平。

由上分析可知，凯恩斯的“通论”就是由四个部分组成，且能解决认知、认知—控制问题。

34. 亚诺什·科尔纳的《短缺经济学》理论结构、功能剖析。

（1）科尔纳在研究、分析社会主义经济运行中的短缺问题时，其潜在的可评价变量是“值得去知道”，即社会主义经济生活中出现的短缺，对于社会主义经济生活等有至关重要的影响，是值得人们去弄清楚的问题。

（2）科尔纳设置了6大类22亚类100多个可观察变量，来对社会主义经济中的短缺现象、后果和各个层次的原因等进行观察。限于篇幅，本文不一一罗列。

（3）科尔纳在对观察材料进行大量的分析基础上，建立了经验型可理解变量关系式（见图5B），对社会主义经济中的短缺及其原因进行了模拟（限于篇幅限制，这里也只给出一个高度抽象、概括的模型）。科尔纳发现，社会主义经济出现短缺的原因是投资饥渴、消费饥渴和摩擦因素；投资饥渴和消费饥渴的原因是在体制因素和政策因素作用下的企业行为变异；短缺的后果又反过来成为体制因素、政策因素进一步强化，企业行为保持变异，社会经济短缺强化的原因。

（4）科尔纳在给出了经验型可理解变量关系式后，进一步建立了逻辑型的可理解变量模型对之进行证明和解释（见图5A，B，C）。

在科尔纳看来，由于社会主义经济的“非货币化”和国家与企业间的关系是父子关系，因而必然造成企业预算约束软化。

企业预算约束软化，必定造成企业行为的变异：在投资和消费及企业投入品方面出现数量冲动、扩张冲动、囤积冲动、出口冲动和需求吸纳，从而必定引起投资饥渴和消费饥渴，又必定引起社会经济生活的短缺，引起投资机制的恶化和引起社会主义的经济矛盾，延期投资与救火投资、在职失业与缺乏劳动力、价格稳定和价格陷阱。

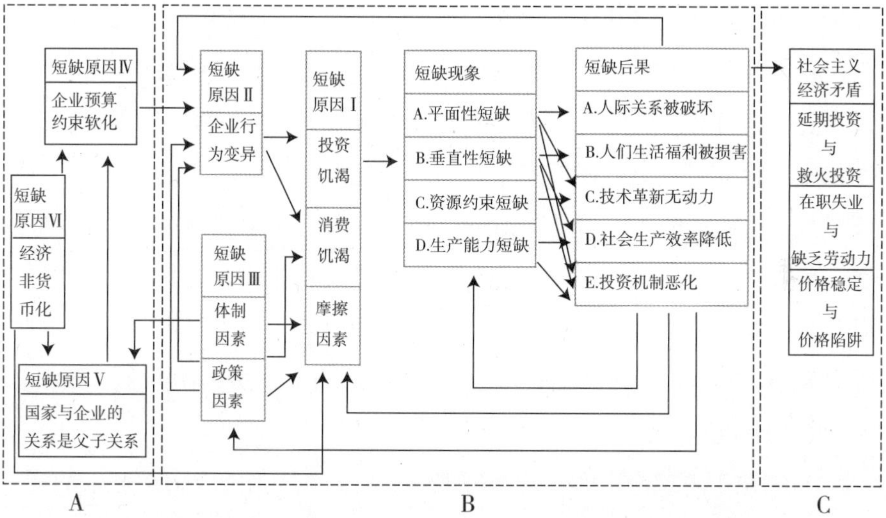

图5　科尔纳的经验型可理解变量关系式及逻辑型的可理解变量模型

（5）由于科尔纳不准备在《短缺经济学》一书中解决对短缺的控制或消除的问题，所以他没有提出系统的控制目标、目的、可控制变量等。

但是，他指出在制度或体制以及由此导致的行为方式出现根本性的变化前，仍然可以通过中央计划者抵制下属组织的抽吸行动，提出较松的数量指令，尽量防止“瓶颈”的出现（减少延期投资）；通过更好地组织生产和交换、更好地协调计划、更好地提供信息，以减少不确定性来减少摩擦因素等来影响和减少短缺的再生产。

当然，可以看得出，科尔纳的根本思想是通过使经济货币化和消除国家与企业的父子关系，建立完善的社会主义市场体系来从根本上消除短缺。

（6）由上所述，科尔纳的短缺经济理论是由三个部分组成，只能解决认知问题。

35. 从上述三位著名经济学家的代表理论的结构和功能的剖析中，我们能得到一组经济学家在进行经济问题研究时所遵循的科学准则，或显示他们的科学素养的经济理论科学性的判定条件。

（1）三位学者都把自己的任务定在解决问题上，所不同的是卡莱斯基和凯恩斯要解决的，不仅有认知问题，而且还有认知—控制问题；科尔纳却只拟解决认知问题。因此，卡莱斯基和凯恩斯在自己的理论中给出了一组可评价变量、一组可观察变量、一组（两类）可理解变量模型和一组可控制变量；科尔纳则只给出了一个可评价变量和一组可观察变量，一组（两类）可理解变量模型。由此可知，他们是深知一个理论要成为科学理论（即完成自己的任务：解决给定的问题）必须有相应的理论结构构造。正是由此，我们可能将他们融合在自己工作成果中的科学素养显现出来，得到经济理论科学性的一个判定条件——经济理论结构的完整性（依其所要解决问题的性质来决定其理论结构状况）。

（2）三位学者理论中的经验型可理解变量关系式都符合归纳逻辑的要求，逻辑型可理解变量模型都符合演绎逻辑的要求；不仅如此，其逻辑型可理解变量的推理程序和结论，都与其经验型可理解变量关系式一致。因此，我们可以从中看到他们对科学理论与逻辑使用间的关系的态度，并由此得到将他们内在的在逻辑方法与科学理论上的素养显现出来的经济理论科学性的判定条件：经济理论逻辑的完备性。

（3）三位学者理论的各个部分都具有高度的清晰性和可证认性，从而都可以与经验事实或实践结果进行对照，接受检验，从而被证实或证伪。也就是说，由于我们可以发现，在他们看来，任何似是而非、模棱两可、既是这又是那的理论陈述或结论，都是从事科学研究所不能接受的。因而，将他们思想中对科学理论的陈述和结论的要求或追求显示出来，我们就可以得到第三个经济理论科学性的判定条件——经济理论的陈述和结论的可证认性。

（4）三位学者的理论都首先确定了自己所要解决的问题的性质、种类和范围，进而才开始讨论问题。由此可知，他们对科学理论的追求之一就是理论首先要确定自己的对象，否则他们是不会这么一致地在自己的理论中限定它。不仅如此，三个学者的理论都与他们自己所选定的问题的性质一致，具有举世公认的解决认知问题和认知—控制问题的功能。因而，当我们把他们在这方面奉行的科学准则显现出来，就可以得到经济理论科学性判定条件之一——经济理论的定题性、释题性和解题性。

（5）三位学者理论中的每一个变量或变量模型，都是可以在思维和行为上进行操作的概念和程序。也就是说，当主体在实施和检验他们的这三个理论时，对每一个变量，每一步程序，都可以进行操作，而不仅仅是思辨，这是因为他们深知他们所要解决的问题，是现实经济生活中的问题，而不是形而上学的或思辨的问题，因而他们就只能提供可以让经济活动主体在应用和检验时可以进行操作的理论。当我们把他们对自己的约束显现出来，就可以得到经济理论科学性的又一个判定条件——经济理论应用和检验的可操作性。

（6）概而言之，历史和现实的三位著名经济学家在他们的工作成果中所凝聚的他们对科学理论的理解，对科学精神的追求，对科学性判定条件的认识，可以为我们提供一组系统的经济理论科学性的判定条件：

A. 经济理论结构的完整性；

B. 经济理论逻辑的完备性；

C. 经济理论的陈述和结论的可证认性；

D. 经济理论的定题性、释题性和解题性；

E. 经济理论应用或检验的可操作性。

七、论经济理论科学性的判定条件

36. 经济理论科学性的判定条件辨析。

（1）把经济理论结构的完整性作为科学与非科学的划界标准，是因为经济理论解决问题的功能依赖于其结构的完整性。不仅如此，科学哲学的知识形式论认为，考察理论科学与否的关键在于其形式本身。一般来说，人们在考察一个理论时，首先要想弄清的是它解决问题的潜能或功能。但是，功能本身是无法直接观察的，我们只能通过观察它的结构、构造，并根据功能与结构的内在联系来推测理论的功能。例如，一个理论缺少可观察变量，它就缺乏现实的经验基础，缺少进行研究的材料；缺少可理解变量，它就不能帮助人们理解、模拟经济生活中的各种现象，现象间的相互联系，现象间的各种因果关系及某种现象出现的概率；缺少可评价变量，它一方面无法交代自己所面对的问题是什么，一方面不能给出解决问题或希望经济生活处于什么状态的目标和目的；缺少可控制变量，它就没有解决现实经济问题的能力。因此，将结构完整性作为理论科学与否的划界标准，就是力图由此来揭示科学理论和科学任务的关系，从而使经济问题研究者一开始工作时，就始终以解决现实经济问题为目标，并从自己的理论构造中表现出来。

（2）把经济理论的逻辑完备性作为科学与非科学的划界标准，是因为经济理论要完成任务必须从理论的逻辑性上得到保证，即科学理论解决问题的功能是与理论的逻辑完备性直接相关的。科学哲学的知识形式论也认为，知识的逻辑形式是它成为科学的重要的内在条件。一般而言，人们在考察一个理论时，虽然首先想弄清楚的是它的功能，但首先接触的却是理论的逻辑。不仅如此，理论的各种功能固然与理论的结构形式相关，但其与理论的逻辑形式的相关性也是十分高的。例如，经济理论要说明问题——揭示经济现象的因果关系，如果没有归纳逻辑的正确运用，其结论一是不能揭示真正的因果关系，二是不能为人们所接受；经济理论要解释问题——证明经济现象中的因果联系的必然性或具有较高的概率，如果不能正确地按照演绎逻辑的要求和程序进行推理，其结论一是不能真正揭示经济活动的内在结构和运行机制，二是不能为人们所接受。不仅如此，经济理论要实现对问题全面解决的目的，还得同时正确使用归纳逻辑和演绎逻辑，并使由两种方法所得到的结论能够一致。这是因为人们在解决认知问题时，追求的是不仅“知其然”，而且“知其所以然”。单独使用归纳法的理论，最多使人“知其然”；单独使用演绎法的理论，则缺乏经验基础；而同时使用两者，且能保证其结论一致的理论才可能既保证理论的经验基础，又能实现人们“知其然”和“知其所以然”的认知要求。事实上，从科学史来看，无论是自然科学家还是社会科学家，例如前述的卡莱斯基、凯恩斯、科尔纳，还有斯密、李嘉图等经济学家，爱因斯坦等自然科学家，都是同时使用归纳法和演绎法，即在这两种对立的办法之间保持“必要的张力”，才取得了划时代的科学成果的。因此，将经济理论逻辑的完备性作为经济理论科学性的判定条件，只是把经济学家对自己工作的要求显现出来而已。

（3）把经济理论的陈述和结论的可证认性作为科学与否的划界标准，是因为科学是一项不断发展和进步的事业，它要求理论必须具有清晰性。事实上，从科学史的史料和科学哲学的研究来看，科学之所以成为科学，就在于它内在地不存在任何神圣不可侵犯的结论，而内在地存在着纠错机制和逼近机制，也就是说，科学是允许有错误，允许犯错误的事业，但它不允许没有“错误”的永远是“真理”的模棱两可、让人无所适从的陈述和内容，如“明天可能下雨或可能不下雨”的陈述就不是科学的陈述。换言之，科学与人的关系最基本的一点就是，它使人对对象的认识由不确定变为确定，由较大的不确定性变为较小的不确定性等。因此，要使科学进步，使科学减少错误，理论的陈述和结论就必须是清晰的、明确的、可以证认的，具有确定性的。只有这样，人们才可能在实践中用经验事实对之进行检验，对其中错误的陈述或错误的认识进行纠正，得到错误更少的认识。由此而言，理论成为科学就不在于它是否被证实，而在于它具有清晰性和可证认性，可以使科学的内在纠错机制和逼近机制发挥作用，使科学进步。

（4）把经济理论的定题性、释题性和解题性作为理论科学性的判定条件，是因为：

A. 不存在解决所有问题的万能的科学理论。任何科学理论都只能解决一个或几个问题，因而那些不能确定自己所要解决的问题的性质和范围的理论，就不可能成为科学的理论。进一步讲，科学是一项反对迷信、反对模糊与浑噩、减少和消除不确定性的事业。它的具体理论就是减少和消除人们对某个特定问题的认识的不确定性，因而理论要成为科学，其必要条件之一就是理论必须首先明确确定自己所面对的问题的性质和种类。

B. 既然科学理论的任务在于解决问题（认知、认知—评价和认知—控制问题），则一个理论是否具备了这样的功能，就理所当然地成为这个理论是否成为科学理论的必要条件。这是因为人对处于人和对象或问题之间的科学所赋予的任务，是解决人所面对的问题。因此，以此为前提，那些既不能帮助人认识对象，减少或消除人对对象认识的不确定性，又不能帮助人达到对对象进行控制的预期目的——使人对对象的控制的确定性和可能性提高的理论，无论它们如何自称为科学，将始终不会被人作为科学理论来接受。但是，正如前述，科学是一项允许犯错误，而又不断纠正错误、逼近对真理的认识的事业。因此，这里强调的是理论是否具有解决问题的功能，而不是理论是否最后解决了问题。

（5）把经济理论应用和检验的可操作性作为理论科学性的判定条件，是因为科学是一项帮助人们解决现实生活中的认知、认知—评价和认知—控制问题的事业，而现实生活中的问题的解决，最终是靠人的行为、人的操作来完成的。我们知道，如果理论的概念和范畴不是通过操作得来的，而是仅靠思辨本身获得的，则其必然没有经验基础，也就不是现实生活中的经验的对应物，而只是形而上学的玄想；如果理论的概念、范畴和推理程序等，不能告诉人们在应用和检验它时如何进行操作，则难以想象它怎能完成人赋予科学的任务。不仅如此，强调理论成为科学理论必须具有可操作性，还因为如果理论概念在操作上的含义不清，就将使得理论本身缺乏清晰性，使得人们可以对理论采取不同的理解，从而导致人们对对象的认识的不确定性增大，这是与科学的基本精神相背离的。总而言之，我们可以发现，可操作性作为检验或明确科学概念之间的含义或含义的精确性的方法论原则，是科学理论形成和发展必不可少的重要条件。

37. 经济理论科学性判定条件的功能和内在联系。

（1）经济理论科学性的每一个判定条件都有自己的特定功能。它们或是组合起来，或是单独作用，从不同方面反映着人对科学的要求，人对科学如何解决问题的要求。但是，经济理论科学性的判定条件不是互相孤立的，而是互相联系，从不同侧面揭示着科学精神和气质对经济理论的要求。

（2）经济理论结构的完整性和逻辑的完备性这两个条件，揭示或反映的是科学对理论的内部状况的要求，借用爱因斯坦的话来说，就是对理论“内在的完备”的要求。经济理论的陈述和结论的可证认性与定题性、释题性、解题性这两个条件，揭示的是科学对理论和外部世界间的关系的要求，借用爱因斯坦的话来说，就是对理论“外部的证实”的要求。经济理论的应用和检验的可操作性这个条件，揭示的是科学对理论的应用和检验——对“内部完备”的检验和对“外部证实”的检验——的方法论要求。

（3）这里所说的“内在的完备”的要求，主要是指一个理论的内部形式结构和逻辑构造要符合科学的要求。理论结构的完整性是从形式结构的角度上，约束理论内在的结构构造，使理论的功能首先从结构的完整性上得到保证。理论逻辑的完备性则是从逻辑构造的角度上，约束理论内在的逻辑程序，使理论的功能从逻辑的完备性上得到保证。可以说，它们两者各有偏重，但都是从知识形式——结构形式和逻辑形式——的角度上，提供着理论科学与否的划界标准。这两个条件，对事前判定理论科学与否提供中间标准。

（4）这里所说的“外部的证实”的要求，主要是指一个理论在与外部世界的关系上要符合科学的要求。理论的陈述和结论的可证认性是从理论与经验的关系上，强调理论必须具有清晰性，能够与经验事实以至实践结果比较，进行检验或证认（证实或证伪）。理论的定题性是从理论与外部世界的关系上，强调理论必须具有限定的边界，与某些特定的现象或经验事实保持对应关系，以保证科学本身与对象间的关系的确定性。理论的释题性是从理论与外部世界的关系上，强调理论与经验事实或现象间在功能上存在认知、认知—评价关系，以保证科学任务的完成。理论的解题性是从理论与外部世界的关系上，强调理论与对象间在功能上存在认知—控制关系，来完成科学的任务。可以说，它们两者虽各有偏重，但都是从理论与外部世界的关系上，提供着理论科学与否的划界标准。这两个条件，对事后判定理论科学与否提供更严格的标准。

（5）这里所说的方法论要求，主要是指一个理论在被应用和检验时，人们可以根据其概念范畴本身的含义，就知道如何操作，如何实施，从而一方面可以按照理论本身确定的要求和内容进行工作，一方面可以对理论本身的结构、逻辑、清晰度、功能等进行操作检验。这个条件，是从人与科学的关系上，即理论和人的行为关系上提供着理论科学与否的划界标准。

（6）这三组条件间存在着十分密切的联系。如果在结构和逻辑上达不到科学的要求，理论就不能获得证认性和解决问题、解释问题的功能，也不能进行操作；如果理论的证认性、定题性、释题性和解题性达不到科学的要求，也就证明理论的结构、逻辑和可操作性存在与科学精神相悖的内容；如果理论的可操作性达不到科学的要求，其“内在的完备”和“外部的证实”一是无从谈起，二是无法得到检验和证认。因此，我们说，经济理论科学性的判定条件是一个系统组合，任何一个条件或部分条件的单独使用都未免会带来偏差。这是由于每个判定条件都只是从一个方面反映和揭示了人与科学、科学与问题的联系，而要全面、科学和系统地反映人对科学、人对科学如何解决问题的要求，就必须将它们组合起来使用。

38. 经济理论科学性判定条件的取舍标准。

（1）本书没有采用以某些经典著作中的某句话来做区别科学与非科学的标准，因为在不是专论这个问题的场合中，用未加科学分析的、顺便提到的某个推导或结论来做划界标准，本身就与科学精神的要求相悖。科学精神反对以“圣经”、“权威”的话为准则，而倾向于系统的分析证明。

（2）本书没有采用以阶级立场或阶级属性来做区别理论科学与否的划界标准，因为科学是全人类的事业，是为全人类服务的事业，是所有阶级都可以去获得和掌握的知识。这一点对于自然科学来说，是不言而喻的，对于社会科学来说，则有不同的看法。自然科学之所以能被认为是超阶级的，就是因为其特有的价值评判——“值得去知道”和对自然现象进行控制的预期目标——是人类共同的、超阶级的；而社会科学之所以具有阶级性，则是因其所持的价值评判中，固然存在一些各阶级都共同的内容，如“值得去知道”等，但绝大多数价值评判（甚至“值得去知道”的价值评判）多半是某个阶级或几个阶级（甚至阶层）独有的。笔者认为，社会科学理论的科学性与它的阶级性是两个不同的概念，是从不同的角度对社会科学理论进行考察的结果。理论的阶级性是由理论本身含有的价值评判的内容（即阶级利益或要求）所决定的；理论的科学性则是由理论本身的结构（包括价值评判部分——但在这个时候，人们关心的不是价值评判的内容，而是关心作为结构要素之一的价值评判的形式结构是否存在），逻辑（也包括价值评判部分——但也是只关心作为目标的价值评判的内容与可控制变量之间的关系是否符合归纳逻辑和演绎逻辑的要求；只关心自称是代表某个阶级的利益或要求的价值评判的内容，与其利益要求之间的关系是否符合归纳逻辑和演绎逻辑的要求），证认性（虽然在这里也考察代表某个阶级的价值评判的预期要求是否得到实现，但仍然只关心理论本身的清晰度与证认的关系），解决问题的功能（虽然这里也考察理论是否具有解释某个阶级所关心的问题，解决某个阶级想控制的问题和功能，但仍然只是关心理论有无这两种功能）和可操作性等所决定。因此，如果以阶级属性作为社会科学理论科学与否的划界标准，势必造成阶级标准与科学标准的混淆，其结果一是妨碍社会科学理论的发展和交流，二是不能说明自然科学与社会科学两大科学之间的共性，并使自然科学家拒绝承认社会科学也是科学。总之，只用社会科学理论中价值评判的内容具有阶级性来要求必须用理论的阶级性作为理论科学与否的标准，是不合适的，缺乏根据的。

（3）本书没有采用以实践的成功来作为区别理论科学与否的划界标准，因为这种标准混淆了理论的科学性和理论的有用性或有效性，并把实践中某些因素——人们对理论本身认识的偏差，由整个人类认识水平所限制的可观察变量和可控制变量的功能、可理解变量模型的自我调整跟不上客体本身的变化，人们运用可控制变量时遇到的“时滞”——所造成的实践不能成功归诸理论的不科学。这将导致大量的科学理论以及科学发展中的阶段性成果被排除在科学知识之外。我们说，在实践中获得成功的理论肯定是科学理论。但由于科学是一项不断纠正错误，向前发展的事业。在这个过程中，会存在许多阶段性成果，因而以实践的成功与否作划界标准，就太苛刻了。不仅如此，我们用以检验理论的实践过程与结果，其中已渗透了理论的内容。如果人们对理论的认识稍有偏差，则这种受到歪曲的理论指导下的实践过程与结果，又怎么能检验理论本身呢？

（4）本书没有采用以本体论的观点作为理论科学与否的划界标准，因为它夸大了本体论内容在科学理论中的作用。事实上，用本体论的观点作科学划界标准的做法，早已被科学活动抛弃，尤其随着人类认识的发展，在传统的本体论看来是不可逾越的界限，许多已经消失了。

（5）本书采用从知识形式、结构、逻辑、证认性、功能和操作性等角度设立的标准，作为理论科学与否的划界标准的理由是：从直接的、经验的意义上讲，它是人们解决所面临的各种问题必须遵循的准则；从深层的、理性的意义上讲，它源于人与科学，人同对象的关系。科学史表明，科学产生于人对对象谋求认识和控制权的过程中。那些人类当时无法认识与控制，但又企图去认识和控制的事物及其运动过程，永远是科学研究的对象。正是由此，科学才获得了自身存在的理由。因此，为了区别已经认识和控制了的对象，理论首先要提出人们企图认识和控制的对象——定题性；为了认识和控制对象，理论就必须包括可观察变量、可理解变量、可评价变量和可控制变量——结构的完整性；为了使人们正确地观察、理解、评价和控制对象，理论就必须符合逻辑要求——逻辑的完备性；为了确知自身在人们谋求认识和控制权过程中的进展程度，并为进一步的发展提供准备，理论就必须具有清晰性——陈述和结论的可证认性；为了实现人们所追求的对对象的认识和控制，理论就必须具备解释认知、认知—评价问题和解决认知—控制问题的功能——释题性和解题性；为了使人们在追求认识和控制权的过程中，能够确知做什么，如何做，理论就必须是可以付诸行为的——可操作性。由此可知，选用上述条件作为经济理论科学性的判定条件，是鉴于人类在追求对自然、社会和人本身的活动过程的认识和控制过程中对一切科学提出的要求。

（6）也许人们会问，这里讲的科学性与真理性是否一致。笔者认为，科学性与真理性不是等同的概念。科学性是知识形式的考察标准，真理性则是知识内容的考察标准。科学性判定，是对知识的形式、结构、逻辑等进行是否是科学、是否达到了科学的要求的检测。真理性判定，则是对知识的内容在多大程度获得了对于对象世界本质的了解和概括，以及知识在多大程度上揭示了客观规律，将人类的认识层次推进了多少的检验。从所考察的知识类别来看，科学性判定主要考察的是科学理论，真理性判定主要考察的是科学原理。当然，由于科学理论是人类探索真理（谋求对对象的认识和控制）大道上的里程碑，是科学原理所以确立的基础，而科学原理又是由经受住了真理性考察的科学理论积淀而来的。因此，科学性判定和真理性判定乃是人类对知识进行考察的两大武器。在这两类武器的交替使用中，我们可以发现：具有真理性的原理，必定曾是具有科学性的理论的内容，具有科学性的理论，其内容未必都能经得住真理性判定的考察，从而转化为科学原理。

八、建立经济理论科学性判定条件对研究经济学说史的功用

39. 经济学说史研究，就是对历史上已经出现过的经济理论进行研究和进行批判的学科。它一方面具有历史学科的性质——研究历史上的理论；另一方面又具有理论学科的性质——对象是理论，且要探索理论发展变化的趋势、规律。因此，笔者认为，经济学说史研究有四个方面，且使得经济学说史研究的成果出现四个层次方面的内容。

不言而喻，经济学说史研究的问题，是认知和认知—评价问题。因此，经济学说史研究就是解决四类问题的研究。

（1）经济学说史研究的第一个任务就是解决：

A. 某个经济理论产生的时间、地点、方式、目的和创始人的生平；

B. 产生这个经济理论的社会背景和这个理论对当时社会的影响；

C. 这个理论的主要观点是什么、实质是什么，后人对此是否存在一致的见解，各种意见是什么；

D. 这个理论服从和代表了哪些人、哪些阶级的利益和需要，这种需要和利益的进步性和反动性；

E. 这个理论在解决那个时代的问题的有用性、有效性；

F. 这个理论是否随时代的推移而失去有效性，还是一直影响到后世；

G. 这个理论是否对特定问题的认识深化了。

（2）经济学说史研究的第二个任务是解决：

A. 某个经济理论是否是科学理论，即其结构、逻辑、证认性、功能和操作性等是否符合科学的要求；

B. 某个经济理论的科学性程度的评价——其在理论的独创性、简略性、

深层性、边缘性、可发展性和可推广性方面所达到的水平；

C. 某个经济理论所使用的方法或其遵循的方法论原则、价值论原则和所模拟的经济主体；

D. 某个经济理论的综合评价——科学性、有用性、有效性、可发展性、真理性和社会价值性。

（3）经济学说史研究的第三个任务是解决：

A. 历史上相继出现的经济理论间的因果联系或相关性；

B. 历史上的各个经济理论得以产生的人文、知识、政治、法律、道德、宗教和心理背景，经济理论对这些因素的作用，经济理论与社会因素的交织影响；

C. 这种相关性、交织影响对于人类文化和文明的发展的贡献。

（4）经济学说史研究的第四个任务是解决：

A. 历史上相继出现的各个经济理论间的内在联系、各个相继出现的经济理论间彼此取代的内在机制；

B. 各个经济理论相继被取代的规律或趋势；

C. 这种趋势在历史上的必然性、偶然性；

D. 这种趋势意味着在将来可能产生具有什么特征的理论。

40. **建立系统的经济理论科学性判定条件对于经济学说史研究的作用在于：**

（1）使研究完成它必不可少的任务；

（2）对历史上有争议的理论的科学性进行鉴定和再评价，提供方法论基础与科学准则；

（3）为未来的经济理论的建构工作提供结构、逻辑、证认、功能、操作等方面的“模板”和示范；

（4）增加未来的经济学说史理论工作者的科学素养和科学精神。

41. **运用新的系统的经济理论科学性判定条件，再评价经济学说史上某些争论较大的理论的尝试。**

（1）英国经济学家马尔萨斯于1803年出版的《人口原理》，在经济学说史上一直是争议很大的经济理论。例如，新中国成立后，有人认为它是一部“反动著作”，其基本观点是“虚构的”、“杜撰的”。十一届三中全会后，有人认为对它“应本着实践是检验真理的标准的原则，该否定的否定，该肯定的就肯定，以实事求是的科学态度来对它进行分析批判”。但是，无论是前者，还是后者，都丝毫没有涉及其科学性问题。

(2) 下面我们尝试对马尔萨斯的《人口原理》的结构、功能等作一个剖析，以判定其科学性。

(3)《人口原理》首先陈述了自己所要解决的两大问题：

A. 阻碍人类向幸福前进的原因是什么；

B. 如何才能消除人类所面临或所遭受的贫困。

(4)《人口原理》所陈述的可评价变量是：

消除贫困，使人口数量与生活资料的数量保持一致，使贫民勤劳、节俭、审慎和保留私有制度。

(5)《人口原理》中设置的可观察变量有：人口增长速度、生活资料增长速度、人口量、生活资料量、劳动市场的供给和需求、劳动价格水平、饥荒、贫困、结婚率、生育率、杂交、非法房事、战争、瘟疫、传染病、城市拥挤率、死亡率、出生率、人民的勤奋与懒惰、人民的舒适程度、失业率、对人口出生的约束、恤贫法、贫民行为等。

(6)《人口原理》所揭示的各输入输出变量——贫困及其原因——的经验型可理解变量关系式如下（见图6）：

由这个关系式，得到结论：人口必然为生活资料所限制；只要生活资料增长，人口一定会坚定不移地增长，除非受到某种非常有力而又显著的抑制；这些抑制和那些遏止人口的优势力量就是预防抑制（道德的节制等）和积极抑制（战争、瘟疫、罪恶和饥荒等）；恤贫法削弱了人口增长的自然约束，使人口增长约束松弛，进一步导致了更深刻的普遍贫困。

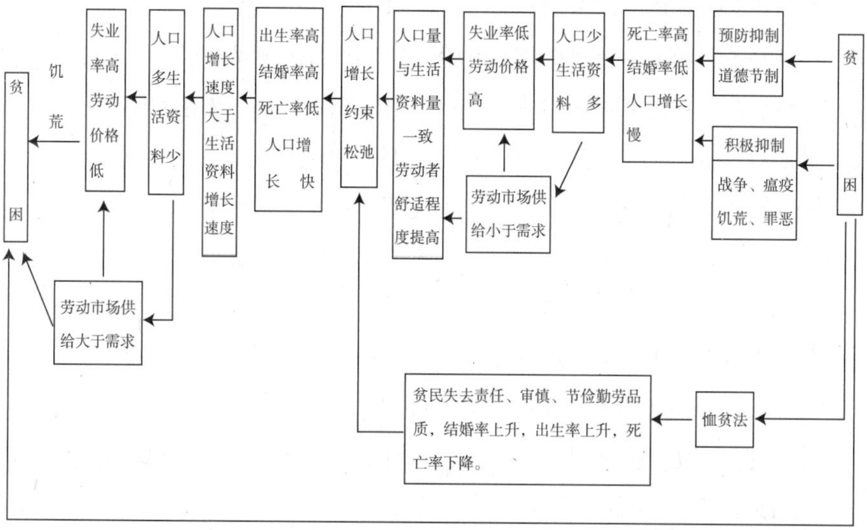

图6 《人口原理》的经验型可理解变量关系式

（7）《人口原理》进一步给出逻辑型可理解变量模型（见图7），对上述经验关系进行了证明和解释：

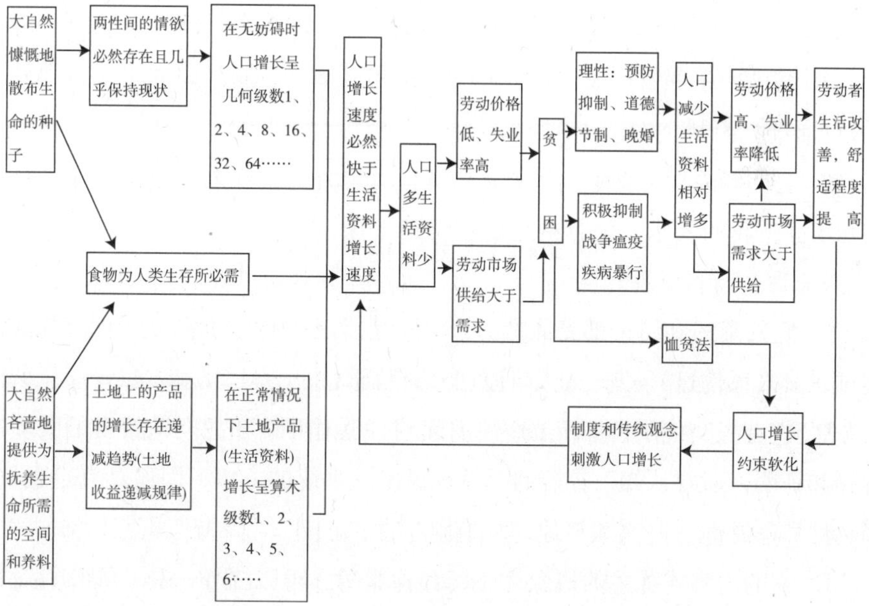

图7 《人口原理》的逻辑型可理解变量模型

由此，可得出结论：人类社会中一切罪恶和贫困的根源，是人口增长规律和土地收益递减规律导致的人口增长大大超过生活资料所允许的程度，社会的不良制度则只是贫困的表层原因；要改变这一点，不是改变社会制度，而是人们自己约束自己的情欲——让兔子乖乖地睡觉。

（8）在解决认知的任务后，《人口原理》进一步解决认知—控制的任务。

《人口原理》确定的控制目标：人口量，个人最低财富量；

控制目的：社会实际能供养的人口，没有赤贫；

控制方向：增加生活资料生产、节制人口增长，使贫民树立自立精神；

可控制变量：恤贫法、教育、道德生活、生活资料的生产；

控制措施：取消济贫法，普及教育（使每个人能认清自己的责任和权利），使失业人口变为就业人口，提倡晚婚、晚育、少育，反对非法房事和不自然的情欲，增加粮食的生产；

控制方法：立法和宣传；

控制程序和参数：逐步取消济贫法（法律制定一年后结婚所生子女以及制定两年后所出生的私生子女一律不得享受教区的赈济）、逐步普及教育。

（9）《人口原理》的科学性判定：

A. 它由四组变量构成，具备解决认知和认知—控制问题的完整结构——《人口原理》有科学性；

B. 它的经验型可理解变量关系和逻辑可理解变量模型，不仅分别符合归纳和演绎逻辑的要求，而且两者能在构造上保持一致，具有逻辑完备性——《人口原理》有科学性；

C. 它的陈述和结论都是清晰的，可以进行证认的（事实上，它们既被证实过，又被证伪过）——《人口原理》有科学性；

D. 它首先交代了自己所要解决的问题，也对要认知的问题给出了明确的解释和证明，对要认知—控制的问题也提出了系统的方案，因而具有定题性、释题性和解题性——《人口原理》有科学性；

E. 它的内容或陈述的概念在应用和检验时，可以操作，具有操作性——《人口原理》有科学性；

F. 《人口原理》符合上述五个经济理论科学性判定条件，所以它是科学的经济理论。

（10）要特别申明，说《人口原理》是科学的经济理论，并未涉及它是不是“反动”理论的问题，正如原子弹是由哪个国家或阶级造出来，并不影响它的毁灭能力一样。因此，这里所作的再评价尝试，只是试图填补国内对《人口原理》研究和评价中的空白，而不是在科学性与进步性的概念之间画等号。也就是说，它是不是“反动”理论，是从对人类历史进步的作用和影响上来考察它时的结论之一，因而是与本书讨论的科学性判定无关的问题。

九、建立系统的经济理论科学性判定条件对我国现实经济研究和理论建设的功用

42. 以国家为首的各类经济主体，需要用它来作中间标准，以鉴定希望解决现实经济问题的经济理论的科学性，推测其有用性、有效性，从而决定是否用它来指导实践。

（1）我国经济体制改革现已取得了很大的成绩，但由于许多深层的认知问题和认知—评价问题未得到解决，因而导致了在新旧体制并存的环境中，出现了回到旧体制中去的呼声和行动。

（2）为了解决这个问题，坚持改革，中国经济理论界对此进行了研究，一方面希望找到改革中出现非预期输出的原因，一方面寻找可控制变量来对此进行控制，使改革后的新经济体制约束下的经济活动的输出符合预期要求。

（3）中国发展问题研究所所著《农民、市场和制度创新》一文所建立的理论，是中国经济学界的工作成果之一，当我们对这个理论进行结构功能剖析和科学性判定后，发现它完全符合本文提出的经济理论科学性的判定条件，因而是科学的经济理论之一。

（4）这个理论给出的可评价变量为：

改革才是出路，深化改革、消除目前存在的回到旧体制中去的呼声和行动。

它给出的可观察变量为：

包产到户、农民的财产权利、农民的身份自由，统购统销体制、合同定购体制、商业法规、公行准则、组织类型等。

它给出了经验型可理解变量关系式：

改革到包产到户；包产到户到重建农民的财产权利和农民重新获得身份

自由；由此使得商品经济大发展，社会产品和剩余产品大大增加；由此使得统购统销体制被取消，代之以合同定购体制和放开市场；由此在缺乏商业法规等条件下，出现大宗农产品被以保障供给为名，又从暗地退回到派购制和小宗农产品被不确定的市场供求波动所煎熬，从而出现退回旧体制的呼声。

它又构造了逻辑型可理解变量模型，对出现上述现象关系的必然性进行了证明和解释：

由于缺乏现代意义上的财产权利体系、完备的商业法规和非行政性的正式的经济组织，必然导致初级商品经济市场环境的不完善，价格信号被扭曲，不能充当好资源配置和收入分配合理的指示器；再加上旧的行政体制的限制，行政性组织的“无组织”活动，就必然导致市场环境恶化，使得大宗农产品无法真正进入市场和小宗农产品被市场“炼狱”煎熬。

在解决认知问题的基础上，它又力图解决认知—控制问题：

由于仅靠市场本身无法解决上述问题，它建议国家从法律等角度进行干预。

它所给出的可控制变量为：

摆脱非正规的经济组织和行政性的经济组织，建立正规的非行政性的经济组织；建立包含现代内容的财产权利体系；建立完备的商业法规。

由此，它认为就可以使经济体制改革向深层发展，走出困境。

（5）这个理论的结构包括四个部分，其“关系式”和“模型”符合逻辑要求，且能保持一致；其陈述和结论是清晰的；其要解决的问题是确定的；其对问题的解释和解决的功能是明显的；其给出的变量和程序等均是可操作的；因此，它符合经济理论科学性的判定条件，是科学的经济理论。但是，上述判定还表明，这个理论还在许多方面需要进一步完善，才能真正完成认知—控制的任务。

43. **经济理论界需要一套约束所有成员进行科学工作的规范，以避免一些人由于素养不高，花了较多的精力和时间，却不能建立科学的经济理论。当然，笔者并不是说，经济理论界必须接受本文所论证的几个判定条件，而是说，科学研究需要有一套规范，笔者的工作只是建立这种规范的一种努力或**

阶段性成果。

44. 经济理论界在考虑借鉴、引进和评价外国的经济理论时，需要一套科学性判定条件，来避免因理论的阶级性、民族性等，妨碍了我们认识其是否科学的工作。本文论证的这一组条件，是可以作为参考使用的一组标准。

45. 经济教育界在进行教学时，使用一套科学性的判定条件，也许就有可能在潜移默化中培养出具有高度科学素养的经济学家。正像物理学家被公认为是自然科学家中科学素养最高的人一样，经济学家有追求在社会科学家中被公认为是科学素养最高的人的必要。本文所论证的这套标准，可以在没有更好的标准之前聊胜于无，为培养学生的科学素养打一点基础。

46. 使用一套严格的科学与否的划界标准，可以使包括经济科学在内的社会科学，同自然科学一样，接受同样的科学性判定条件的检验，使所有的科学理论在科学性上有共同的性质。本文论证的这套条件，是追求实现这一目标的一个阶段性成果。

参考文献

1. 《自然辩证法通讯》，1986 年第 6 期。

2. 金观涛、华国凡著：《控制论与科学方法论》，科学普及出版社。

3. 雷晓明著：《试论经济学史研究的新方向和新方法》，载于《社会科学》1986 年第 12 期，《经济学文摘》1987 年第 3 期。

4. 刘絜敖著：《经济学方法论》，商务印书馆 1937 年版。

5. 杨德明著：《简论当代西方经济学方法论的演变》，载于《经济研究参考资料》，总第 1424 期。

6. 马克斯·韦伯著：《社会科学的和社会政策的认识的客观性》。

7. 斯苔芬格著：《经济学方法论》。

8. 左右田喜一郎著：《经济法则的逻辑性质》。

9. 桑巴特著：《经济学的历史与体系》。

10. 瓦格勒著：《政治经济学原理》。

11. 毕协耳著：《国民经济之成立》。

12. 门格尔著：《经济学方法论研究》，《德国经济学的历史主义谬误》。

13. 庞巴维克著：《古典经济学》，《历史的与理论的经济学》。

14. 李斯特著：《政治经济学的国民体系》。

15. 罗雪尔著：《历史方法的国民经济学讲义大纲》。

16. 希尔德布兰德著：《经济学的现在与将来》。

17. 克尼斯著：《历史方法立场下之经济学》。

18. 老凯恩斯著：《经济学的范围和方法》。

19. 施穆勒著：《国民经济、国民经济学和方法》。

20. 布伦塔诺著：《古典经济学》。

21. 西尼尔著：《政治经济学》。

22. 小穆勒著：《逻辑体系》，《政治经济学未解决问题论文集》。

23. 坎恩士著：《经济学之性质与逻辑方法》。

24. 哈奇森著：《经济理论的意义和基本原理》。

25. 里普瑟著：《实证经济学导论》。

26. 帕潘德雷欧著：《作为科学的经济学》。

27. 弗里德曼著：《实证经济学论文集》。

28. 罗宾斯著：《论经济科学的性质和意义》。

29. 亚孟著：《理论经济学的对象与概念基础》。

30. 桑巴特著：《现代资本主义》。

31. 萨缪尔森著：《经济分析基础：经济理论的实用意义》。

32. 陈维杭著：《西方科学哲学的来龙去脉》，载于《自然辩证法通讯》1984 年第 6 期。

33. 王守昌、东铬洲著：《现代西方哲学概论》，商务印书馆出版。

34. 舒炜光、邱仁宗主编：《当代西方科学哲学述评》，人民出版社出版。

35. 夏基松著：《波普哲学述评》，黑龙江人民出版社出版。

36. 杜任之主编：《现代西方著名哲学家述评》，《述评续集》，生活·读书·新知三联书店出版。

37. 约翰·洛西著，邱仁宗等译：《科学哲学历史导论》，华中工学院出版社出版。

38. M. W. 瓦托夫斯基著，范岱年译：《科学思想的概念基础——科学哲学导论》。

39. 卡莱斯基著：《商业周期理论纲要》。

40. 凯恩斯著：《就业、利息和货币通论》。

41. 科尔纳著：《短缺经济学》。

42. 李醒民著：《善于在对立的两极保持必要的张力》，载《中国社会科学》1986 年第 4 期；《科学理论的评价标准》，载《哲学研究》1985 年第 6 期。

43. 星河著：《科学理论评价的哲学探索》，载《光明日报》1986 年 1 月 20 日。

44. 舒炜光著：《科学理论评价的认识论基础论纲》，载《科学·辩证法·现代化》1986 年第 2 期。

45. 邱仁宗著：《科学理论的评价》，载《百科知识》1984 年第 1 期。

46. 宋福僧著：《试论科学的阶级性问题》，载《甘肃师范大学学报》1981 年第 1 期。

47. 雷晓明著：《经济问题研究的程序和经济理论的构造》，载《云南大学研究生论丛》1987 年第 1 期。

48. 马尔萨斯著：《人口原理》（中译本）。

49. 陈岱孙主编：《政治经济学史》。

50. 鲁友章、李宗正主编：《经济学说史》。

51. 赵崇龄著：《西方经济思想史》。

52. 埃德蒙·惠德克著：《经济思想》（中译本）。

53. 埃里克·罗尔著：《经济思想史》（中译本）。

54. 海尔布鲁诺著：《改变历史的经济学家》（中译本）。

55. 雷晓明著：《经济知识的系统与层次结构》，载《思想战线》1987 年第 2 期。

56. 李宗正著：《马尔萨斯〈人口原理〉批判》，见《人口原理》（中译本）。

57. 赵崇龄著：《评马尔萨斯的人口理论》，载《经济问题探索》1981 年第 2 期。

58. 中国发展问题研究所著：《农民、市场和制度创新》，载《经济研究》1987 年第 1 期。

附 录

永恒的追求："解释"与"改造"

——SIC 与社会科学的任务及方法

雷晓明

早在 19 世纪，马克思就指出，以往的"哲学家们只是用不同的方式解释世界，而问题在于改变世界"。这一句话既概括了人类永恒的追求，也概括了科学研究的目的和任务在于解释与改造世界——自然、社会和人本身。

科学史表明，无论是自然科学，还是社会科学，都在力图解释与改造（控制）一个又一个的事件、事物和各类运动过程。因而，对于每一个时代来说，只有当人类还无法解释和控制，但又企图给予解释和控制的事件、事物等，才成为科学研究的对象，而能够正确地对其研究对象进行解释并让人们有效地控制对象，首先就取决于其方法本身是否科学。正是由于在人类和人类需要解释及控制的对象之间的中介是方法，科学活动所使用的方法是否科学，就成为人类在追求解释与控制世界的进程中，首先要考虑的问题之一。这就是古人所说的"工欲善其事，必先利其器"。

科学史还表明，现代自然科学的方法较之于社会科学的方法，其有效性要高；尤其是在如何控制对象方面，社会科学还远远赶不上自然科学。因此，从自然科学的方法论中寻找和借鉴在社会科学中可用的内容，就成为我们时代的需要和任务。本文力图从如何完成社会科学的任务的角度，来讨论如何将自然科学的方法论引入社会科学。

一

要从较高的层次上讨论引进自然科学方法到社会科学方法，到社会科学中来，就需要对社会科学研究的对象，分类研究目的和研究成果的社会功能等先做一点介绍和说明。

社会科学，顾名思义，就是研究社会生活、社会活动及其运行机制、规律和人们如何影响及控制社会活动，使其符合预期的目的的学科体系（事实上，在现在的社会科学中，对于如何影响和控制社会活动这方面的内容，给予的关注很少，这大大减弱了社会科学的社会功效）。但是，社会生活、社会活动通常都是表现为社会的政治生活、经济生活、法律生活、道德生活和文体生活等。据此，社会科学就由人类学、政治学、经济学、法学、社会学、伦理学、文学学、历史学等具体的学科组成。由于工作对象的差异，各个学科之间虽然存在或大或小的差异，但从对这些学科共同的任务——解释与改造——的解读来考察各个学科时，都可以得到一些共同点。

首先，各门学科都要从大量的现象（诸如文化现象、政治现象、经济现象）的观察上着手，以获取关于有关对象的足够信息。虽然各门学科搜集资料，观察现象各有侧重，但这些现象都是由共同的行为主体——社会中的人、集团、阶级和国家等——的活动和行为所致。因而可以说，它们有共同的对象：社会生活。

其次，各门学科都须从自己所观察到的现象中寻找现象间的相关关系和建立现象间的关系模式。虽然各门学科所建立的理论模型千差万别，但它们都是在解释和模拟对象，帮助人们理解对象及其之间的相关关系。因而可以说，它们有着共同的目的：模拟与解释社会生活。

再次，各门学科都须根据自己对象的观察和解释（模拟），提出对对象的一些控制和影响的措施、方法或方针，以供人们用它们来控制和影响对象。

虽然各门学科所提供的控制方案各有不同，但它们都是为控制和影响对象，以形成各种各样的秩序而制定的。因而可以说，它们有共同的任务：控制与影响社会生活。

最后，各门学科在对对象进行观察、解释和提供控制与影响措施时，有着各自的特定的出发点和目标体系，但它们都在两方面存在共同的东西。一是都要有评价指标，二是这些评价指标在其深层含义上有着共同的内容，即共同的价值观。

从上述观点出发，我们可以对各门社会科学的对象作一个描述，并得到一个操作性的定义。例如：

（一）经济学研究的是处于特定或不同的时空中的人类社会的经济生活和经济行为及其结果。它站在特定的价值评判的立场上，对经济生活的各种现象进行分析，寻找对象间的相互关系，并建立理论来说明和模拟经济活动的内在机制和规律，为社会的经济行为主体影响和控制各自和彼此的经济行为提供规范化的依据和方法、措施，由此来实现经济生活的某种有序化、资源利用最优化和自身利益最大化。

（二）政治学研究的是处于特定或不同时空中的人类社会的政治生活、各类行为主体的政治行为及其结果。它站在特定的价值评价的立场上，对政治生活、政治行为的各种现象进行分析，寻找现象间的相互关系，并建立理论来说明和模拟各种政治活动的内在机制和规律，为社会的政治行为主体影响和控制各自和彼此的政治行为提供规范化的依据和方法，由此来实现政治生活的某种有序化和自身政治权利的最大化和相对稳定性。

…………

从这个角度，我们还可以给出人类学、法学、伦理学、社会学、文学学和历史学等的操作定义。

二

我们说，社会科学的任务就是解释与控制社会生活。但是，要逼真地模拟和有效地解释与控制，则依赖于人们是否取得了足够的关于有关对象的信息量和确定了合适的目的。由此，社会科学的内容就分成了四个部分或四个操作程序：观察、解释（模拟）、控制和评价。这四个部分不是割裂开的，而是互相促进和互相制约的。例如：

（一）观察什么和怎样观察，一方面为解释对象提供必要的前提，一方面又提供信息对解释对象时新得的结论给以证实与证伪；反之，对对象的解释一方面制约着观察什么和怎样观察，一方面又被观察所证实和证伪。

（二）观察什么和怎样观察对象，对控制什么和怎样控制对象提供前提和信息反馈——观察控制的有效性；控制什么和怎样控制对象又为确立新的观察角度和方法提出要求，并通过控制过程和结果来检验观察的准确性。

（三）观察什么和怎样观察受对对象的评价制约，观察的结果又影响评价标准及形式的调整，反之亦然。

（四）解释对象的结论为控制什么和怎样控制对象提供依据和方法，并通过控制过程和观察来验证解释本身的逼真性，反之亦然。

（五）解释什么和怎样解释对象受对对象的评价制约，解释的结论又影响评价标准的调整，反之亦然。

（六）控制什么和怎样控制对象受到评价标准的制约，控制是否有效，又影响到评价标准的调整。

在把社会科学的内容分成四个部分，并从各自的任务的角度来讨论方法论时，就会对社会科学的方法论提出一些要求。

例如，由于观察的任务是尽可能多地获取有关对象或现象的信息量，这就要求观察的方法具有可能性、通用性、可靠性、系统性、结构性和整体性。

又如，由于解释的任务是尽可能客观地解释现象之间的相互关系和逼真地模拟对象的内在机制及运行规律，这就要求解释和模拟的方法具有不确定性、操作性、系统性、动态性。

再如，由于控制的任务是尽可能有效地影响和控制对象及其运动过程，这就要求控制的方法具有目的性、通用性、反干扰性、系统性和动态性。

最后，由于评价的任务是为观察、观察和控制提供尽可能合适的、社会能接受的出发点和归宿。这就要求评价的方法具有综合性、整体性、结构性、定量性、历史性、规范性和可接受性。

但是，社会科学过去所使用的方法都不完全具备这些要求。社会科学过去所使用的方法主要有归纳法和演绎法、抽象法和现实法、实证法和伦理法、分析法和综合法、历史法和假设法、经验法和实验法以及比较法等，毫无疑问，这些方法在某些特定的领域和研究中，都曾充分地发挥过自身的功能，解决过许多问题，对社会科学的发展作出了巨大的贡献。但是，由于社会交往的增加，社会生活变得更为复杂多样，由于社会生活、社会活动是否受控在人们所希望的范围内，对社会生活产生了巨大的影响。这些变化使得社会科学的任务也发生了相应的变化，即不能仅只是解释现象，而且还要为控制对象提供具体的原则、模型、方法、措施等。这样，就使得过去所使用的方法不能完全、准确、有效地保证社会科学完成自己的任务了。例如，对诸如“极端共存”系统的解释和控制，过去所使用的方法都是有力出不上。这也就是历史和现实向我们提出的召唤：如何更新或发展社会科学的方法论，使社会科学在新的历史条件下，完成更准确的观察，更客观的解释和更逼真的模拟，更有效地控制和影响，更客观、合理和有代表性地评价的任务。

笔者认为，社会学科的边缘上产生，并同电子计算机一同成长起来的系统论、信息论、控制论（SIC）等可以为社会科学完成新时代的任务，提供有益的方法论的启示和具体的方法。

三

引入系统论、信息论、控制论（SIC）的思想，我们可以将社会科学研究的对象（社会生活）看成一个“黑箱”，即将社会科学或各个具体学科的对象看成一个大系统。作为对应，将社会科学或各个学科也看成一个大系统。前者是现实生活的真实系统，后者是研究这个真实系统的理论系统。同时，从前述的完成社会科学任务的角度，将理论系统分成四个子系统：观察子系统、解释子系统、控制子系统、评价子系统。每个子系统中又包括若干组变量。

观察子系统的任务是从“黑箱”的输入输出（即社会生活的各种现象）中获取有关“黑箱”（对象）的存在与变化的信息，为解释、控制“黑箱”的活动提供条件。“黑箱”的输入输出可以用一组变量来表示，称为可观察变量。人们可以通过社会科学工作者确立的可观察变量（指标、范畴）来获取社会生活及其某个侧面的信息。这些可观察变量提供的有关客体的信息种类和数量愈多，人们对“黑箱”的输入输出的了解愈详尽。

解释子系统的任务是通过对可观察变量提供的信息的处理，寻找“黑箱”的输入输出间的经验的相关关系，并用逻辑来模拟“黑箱”的内在机制及运行规律。对输入输出间的经验关系的解释和对“黑箱”内在机制与运行规律中的模拟的各种理论、范畴、模型、方程等，我们仍用变量概念来表示，称为可理解变量即经验型可理解变量关系式和逻辑型可理解变量模型。人们通过社会科学工作者提供的各种可理解变量关系式和模型，可以模拟、解释和理解“黑箱”的输入输出间的各种关系，从而知道什么样的输入必然（或可能）引起什么样的输出。可理解变量关系式和模型对“黑箱”输入输出的解释愈客观，对“黑箱”的内在机制和运行规律的模拟愈逼真，人们对“黑箱”及其内在机制等的理解愈深刻，愈客观，愈准确。

控制子系统的任务是根据可观察变量提供的信息和可理解变量提供的模式，通过一些具体的方针、措施、方法等来影响或改变“黑箱”的输入，以引起输出的变化，使输出达到预期的目标，实现对“黑箱”的控制。这些方针、措施、方法等也表现为变量，称为可控制变量。人们通过运用社会科学工作者确定的可控制变量，控制和影响社会生活、社会行为乃至于自己和他人的行为去达到预期的目的。可控制变量愈具有系统性、反馈性、多向性、自动调节性、可操作性，人们对“黑箱”的控制愈有效。

评价子系统的任务是根据现实生活中人们在积淀的文化基础上进行活动时，所形成的一些关于好坏、是非的最基本的观念（及其派生的观点、范畴、指标等），去评价“黑箱”的输入输出。这些观念、观点、范畴、指标等都表现为变量，称为可评价变量。人们通过这些不断积淀，又不断通过社会科学工作者的加工论证和完善的可评价变量，来为自己和他人的行为与活动确定价值观出发点和目的。可评价变量的代表性愈强，可接收性愈大，人们使“黑箱”及其输入输出符合自身的希望的可能性愈大，社会生活的有序性愈强。

也就是说，社会科学的内容就是由可观察变量、可理解变量、可控制变量和可评价变量构成。这四个部分的关系就是前述的全交互、正（负）反馈的关系，即社会生活真实系统中文化的变化，或迟或早地会通过社会科学工作者的工作，表现到各个变量系统中来；任何一个变量系统发生了或大或小的变化，都将导致其他变量系统发生变化，从而引起整个理论系统的变换（正反馈）；任何一个变量系统的变化都会受到其他变量系统的制约（负反馈）。如下图：

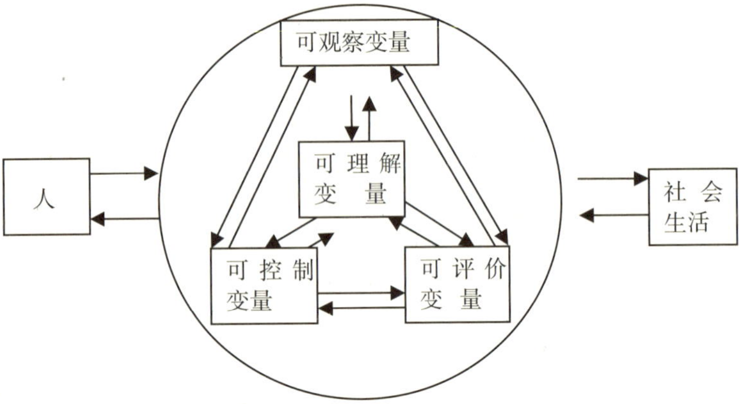

四

也许人们会问，把社会科学理论分成四个部分，行得通吗？下面我们尝试着对几个学科的一些观点、范畴、理论等进行一些分析，来考察一下这种划分的优缺点。

（一）对于经济学来说，有效需求和国民收入是可以直接或间接观察到的经济现象，我们称它们为可观察变量。这两种现象之间有什么关系呢？经济学家发现在供给允许的范围内，增加有效需求可以增加国民收入，即国民收入=消费+投资=消费+储蓄（$Y=C+I=C+S$）；进一步推导，就知道消费+投资=有效需求。这就是两个可理解变量。在观察和解释模拟了有效需求和国民收入及其关系后，经济学家就向人们建议：①鼓励高消费；②增加政府支出。由此来增加有效需求。这两个措施就是可控制变量。但是，增加国民收入是好还是不好呢？经济学家经过概括和分析，认为增加国民收入是一件好事，这就是可评价变量。这样，宏观经济理论中的一个理论——有效需求与国民收入，就是一个完整的理论系统了。经济学家将自己的上述工作成果奉献给人们以后，人们就可以参照这个理论进行观察、理解、控制和评价特定的经济现象了。

（二）对于政治学来说，多党派民主协商机制和人们可以自由表达意见是可观察变量，多党派民主协商就会有利于人们自由发表不同意见，这个见解就是可理解变量模式。在宪法中规定多党派民主协商，这个规定就是可控制变量，在政治生活中，人们可以自由发表不同意见是好的，这个观念就是可评价变量，同样，人们可以通过诸如此类的政治学的变量系统提供的启示和途径，去观察、理解、控制和评价彼此的政治行为。

（三）对于法学来说，贪污受贿罪的立案和偷窃财产罪的立案是可观察变量。如果贪污受贿罪的立案标准低于偷窃财产罪的立案标准，一方面使法律自身逻辑不能统一；另一方面给违法犯罪分子以可乘之机，这个分析是可理解变量。法学工作者就建议，从立法上对贪污受贿罪的立案标准作出适当的必要的调整，这个调整措施，就是可控制变量。在法律社会，公平是社会的基本信念，坚持改变不公平的状况是好的，这是法学中的可评价变量。

（四）不同时空中的人类群体的饮食活动和性生活规则是文化人类学的可观察变量。暴饮暴食会导致疾病产生和近亲结婚会危害人类健康是可理解变量。宣传和示范饮食卫生与从道德、法律上限制和禁止近亲结婚就是可控制变量。对于人类来说，得疾病和健康受到危害是不好的，这是可评价变量。

（五）一个社会向谁学习和社会的发展是伦理学的可观察变量。社会生活中强调和鼓励向谁学习会使社会的发展出现截然不同的情况——向保守的人学习容易使社会停滞，向有创新的人学习使社会充满了生气和发展加速，这是可理解变量。建立制度（诸如保护专利）来鼓励人们创新，这个措施是可控制变量。社会的发展速度高是好事，这是伦理学的可评价变量。

（六）社会中的潜组织的种类是社会学的可观察变量。一个社会中的人们在公开表达自己的追求、嗜好等方面受到的限制愈大，其中的潜组织的种类愈多，这个社会的开放度也就愈小，这就是可理解变量。建议政府制定法律细则，让有特殊追求、嗜好的人可以公开表达自己的意见，并尽可能也让有进步作用或萌芽的潜组织显化，这是可控制变量。一个社会的开放度愈高，这个社会愈进步，这是社会学的可评价变量。

（七）审美主体的知识结构和审美对象的艺术魅力是文学学的可观察变量。审美主体的知识结构愈完备，审美对象的艺术魅力愈容易显现出来，这是可理解变量。提高全民文化和文学修养，以促使审美主体建立完备的知识结构，这是可控制变量。人们感受到的美愈多，人们的思想境界就可能增高，这是文学学的可评价变量。

（八）中国历史上的社会结构的稳定和王朝更替，是历史学的可观察变量。中国历史上的王朝更替并没有改变中国的社会结构，而中国封建社会长期停滞的原因就是因为中国社会的结构是一个超稳定系统，这是历史学的可理解变量。中国人要摆脱历史传统中的惰性，不让死人控制活人，就要求人们从各方面改造中国的超稳定系统结构，其所用的措施，就是历史学的可影响（控制）变量。中国封建社会的长期延续对于今天的中国来说，是一种沉重的历史负担，这就是历史学的可评价变量提供的结论。

…………

当然，要反复申明，上述对几个学科的模拟，是一个极为粗浅的尝试，而以更完整的意义来分析各门学科中的各个内容的功能，则需要另外撰文探讨，本文不再多讲。但是，必须指出，以往的社会科学理论，多半源于本文中提到的观察、解释两个子系统概括的内容，对于评价通常是“不言而喻”的。对控制则是“噤若寒蝉”，通常是不发一言，甚至极不负责地写上一段应该如何、必须如何的“壮语”。所以，笔者愿意同所有从事社会科学研究的青年学者们，共同反思自己研究成果的社会功效和如何返回给社会的途径。

五

系统论、信息论、控制论（SIC）还可以为社会科学的观察、理解、控制和评价提供具体的方法。

对于观察来说，使用系统论、信息论、控制论（SIC）方法，可以帮助观察者获取大量的准确的信息。例如：

（一）观察可能性的方法——观察观察本身的可能性和观察客体变化的可能性的方法。

（二）通用性的观察方法——随机观察、有记忆的观察、共轭观察、反馈观察、同步观察、放大观察。

（三）使观察有可靠性的方法——多角度、多渠道、多方式的观察、最短线观察、同步观察、重复观察、选择观察、情调观察、反馈观察。

（四）使观察有系统性的方法——观察因果长链、自为因果、互为因果、概率因果、相对孤立系统、超稳定系统的方法。

（五）使观察有结构性和整体性的方法——观察自组织系统、自繁殖系统、周期性振荡、结构替代、极端共存的方法（限于篇幅，本文不专门分析这些方法的具体使用）。

对于解释来说，使用系统论、信息论、控制论（SIC）的方法，可以更准确地解释"黑箱"的输入输出的关系和更逼真地模拟"黑箱"的内在机制和规律。例如：

（一）解释不确定性的方法——解释不确定性、可能性结构的方法；

（二）操作性的解释方法——解释反馈机制、信息—组织关系的方法；

（三）系统性的解释方法——解释因果长链、自为因果、互为因果、因果网络、概率因果、现象共存、继起的方法，解释相对孤立系统和超稳定系统的方法；

（四）动态性的解释和模拟方法——解释和模拟自组织系统、超稳定系统、自繁殖系统、周期性振荡、稳定机制、结构替代、极端共存、开放—有序系统的方法。

对于控制来说，使用系统论、信息论、控制论（SIC）方法可以更有效地实施控制。例如：

（一）确定控制目的的方法——选择控制方向、控制区间和范围的方法；

（二）通用性的控制方法——随机控制、有记忆的控制、共轭控制、正（负）反馈控制方法；

（三）反干扰的控制方法——选择控制途径和控制控制途径排除控制过程中的干扰的方法（重复控制、多通道控制、最短线控制、选择控制、情感控制、同步控制、反馈控制）；

（四）系统性的控制方法——控制互为因果、自为因果、概率因果、因果网络、相对孤立系统的方法；

（五）动态性的控制方法——控制自组织系统、自繁殖系统、超稳定系统、周期性振荡、结构替代、极端共存和稳定性的方法。

对于评价来说，虽然其主要的制约因素是价值观念，但使用系统论、信息论、控制论（SIC）方法，可以更全面地提供社会绝大多数人所奉行的价值观念及其派生的范畴、指标。例如，综合性、整体性、层次性、结构性、定量性和规范性等社会接受度较高的方法就可以使由此得出的评价标准等易于为人们所接受。

1984 年 4 月初稿

经济问题研究的程序和经济理论的构造探索

雷晓明

我们说，经济理论是人类经济知识系统的中心，其功能是能够较全面、系统、完备地完成认识和解决经济问题的任务。可是，经济理论为什么具有这样的功能，我们是怎样得到一个经济理论的，经济理论的内部结构又是如何，等等，就成为我们必须弄清楚的问题。下面，笔者尝试着从对经济研究的程序进行剖析和对经济研究方法的分析上着手，来探索经济理论的建立程序和理论的一般构造。

下述讨论，笔者意在抛砖引玉，求教于学术界。

一

笔者认为，人类经济知识赖以存在的必要前提是有问题，有需要人们去认识和解决的经济问题。因此，要剖析经济问题研究的程序和探索经济理论的一般构造，势必要先弄清楚“经济问题”的性质、种类及其提出的程序等。

经济问题，就是经济活动主体与经济活动主体所进行的经济活动过程及其结果之间的关系上，出现了经济活动主体认为不协调、非预期、不清晰、不知道原因和不能控制，但又希望加以认识和控制的事件、过程、状态、倾向或结果等。简言之，经济问题就是经济主体要去认识和解决的，在经济活动中出现的主体不知道原因和主体不满意其结果的事件、状态、过程、倾向等。

为了更准确地弄清“经济问题”是什么，我们借用“黑箱理论”及其方法作为工具进行分析。什么又是经济活动的“黑箱”表述呢？笔者以为就是：

人们在从事经济活动时，希望了解而又不了解经济活动的运行过程的内在结构与机制时，就把经济过程视为“黑箱”（目前的经济生活中，人们从事经济活动时，并不是对经济活动的运行过程的内在结构和机制一点都不知道，而是知道一部分，不知道其他部分。所以，以现实经济活动为“黑箱”，一是为了理论抽象的需要——从最纯粹的状态上开始讨论，一是从发生学的意义上讲，人们先将对象视为“黑箱”，然后才将对象视为“灰箱”。因此，“灰箱理论”的展示，留待后文）。也就是说，人们无法直接看到或看清经济活动的内在结构和运行机制时，人们只能通过观察经济活动的各种现象来把握、猜测或模拟、解释经济活动的内在结构与运行机制。这样，这些可以观察的现象，就在理论上成为经济活动“黑箱”的可观察的输入和输出变量（一般说来，任何现象对于过程来说，既是输出变量又是输入变量；一种现象在什么场合中成为输入变量或输出变量，取决于具体的分析或研究的需要）。用这个方法来界说经济问题，就可以发现，经济问题有三类：第一，经济活动主体对于经济活动的内部构造和运行机制不知道，因而对“黑箱”的输入输出变量的关系看不清——不知道哪些输入变量和输出变量相关，不知道哪些输入变量的变化会引起哪些输出变量的变化，但又希望知道；因此，“看不清”或“不知道”又希望“看清”或“知道”就成为问题。第二，“黑箱”的输出变量值（或状态）与经济活动主体预期的要求、目的、标准或原则等存在偏差，因而经济主体希望对偏差进行调整，使其减小或消除。由于不同的经济活动主体对于经济活动的输出变量值（或状态）的预期不同，因此，“应该是什么”，“应该做什么”也就成为问题。第三，经济主体要使输出变量值（或状态）符合自己的预期，就需要研究采取哪些措施、办法等。因此，“如何做”就成为问题。在过去的经济学方法论中，一、三两类问题，即“看清楚”和“如何做”的问题，被称为实证性问题，即“是什么”、“是怎样”——“What to be ”、“How to be”的问题和“做什么”、“怎样做”——“What to do ”、“How to do”的问题；第二类问题则被称为规范性问题，即“应该是什么”、“应该做什么”——“What ought to be”、“What ought to do”的问题。

但是，事实上，现实经济问题是这三类问题的综合。也就是说，无论什么现实经济问题，其总是与“它是什么”、“它怎样存在与运行”、“人们对此的预期是什么”、“应该做什么调整”、“怎样调整”等具体的问题联系在一起的。一般来说，现实经济问题中，既包括了所谓实证性问题，也包括规范性问题，而且两者之间是互相联系和互相依赖的。这是由于实证性问题的提出，已隐藏了“值得去知道”的价值评判的前提；规范性问题的提出和解决，又依赖实证性问题的解决。因此，本文所要剖析的经济问题研究程序中所涉及的经济问题，就是既包括实证性问题，又包括规范性问题的现实经济问题。

二

如前所述，经济问题的出现与存在是与主体有关的。可是，具体地说，在经济问题的形成过程中，经济活动主体扮演了什么角色，经济问题又是怎样产生的等，都需要我们加以分析。

从现实的经验材料和历史的记载中可以发现，我们所说的现在的和历史上的现实经济问题，在客观上与以特定的时间、空间，特定的社会政治、法律制度，特定的文化背景，特定的经济活动史为背景所发生的某种经济活动及其状态、结果等相关，在主观上与经济活动主体从历史的承袭、从对现实和历史的反思，从对未来的追求的基础上所形成的对于社会、经济、伦理、政治、法律、文化、宗教等的基本价值评判相关。前者被经济学方法论史上的社会法律方法和历史方法的代表人物强调为研究经济现象必须首先认清和解决的问题，后者则被价值评判方法的代表人物强调为研究经济现象的出发点、前提等。

需要强调的是，不同的主体可能会对同一活动过程及其结果等产生不同的看法。在某些主体看来已成为亟待认识和解决的问题的状态、结果等，在另一些主体看来，则根本不成其为问题。因此，从逻辑上分析，经济活动主体的基本价值评判和对经济活动输出变量的预期，就是经济问题产生的充分条件。因而，经济问题产生的程序就是：

A. 经济活动主体根据自己的价值评判和预期目的的要求，对经济活动“黑箱”的输出变量进行有选择的观察，并取得较为明确的有关变量数值、状态及倾向等的信息；

B. 经济活动主体确定自己是否知道或了解这些数值、状态及倾向等赖以产生的原因（包括非经济的原因和纯经济的原因），如果不知道，则“弄清楚”就成为问题；

C. 经济活动主体把观察得到的变量数值、状态及倾向等，与自己对这些变量等的预期——建立在基本的价值评判上的“应该是什么”——进行比较，确定两者之间是否存在差异；如果存在差异，“如何消除差异”就成为问题。

从历史上的情况来看，某种经济活动主体确认了问题后，一般会凭着已有的知识、技能、经验等对之进行解决。当问题不能被解决时，代表这类主体的理论工作者就会把这个问题作为自己研究的课题。当然，也存在着在主体尚未觉得存在问题时，代表它们的理论工作者已认为存在着问题，并对其展开研究的情况。

三

上述分析表明，经济问题研究程序的第一步就是确定和明确经济活动主体的基本价值评判及各种各样的预期目的。由于这些价值评判和预期一般是可变的，本文因此将它们称为可评价变量。因此，所谓可评价变量也就是人们用以评价或度量经济活动的输入输出变量的标准或尺度等。

那么，经济研究的价值评判和预期目的中最基本的内容是什么呢？换言之，可评价变量的核心变量是什么呢？从人类的追求和经济问题本身的性质与种类来看，最核心的价值评判是求真和求善。所谓求真，就是指在了解、认识和确定可观察的输入输出变量的关系，了解和认识经济活动的人文背景结构、制度结构和经济结构及其对经济活动主体的制约与影响，了解和认识经济活动的运行机制，寻找使经济主体能有效地控制对象（输入）的措施方面，人们追求的是真实、客观、准确、及时和清楚地得到关于客体的信息，追求的是研究成果——经济理论——要尽可能客观、全面、准确地模拟变量间的关系、经济活动的结构与运行机制。所谓求善，就是指如何使经济活动主体自身（进而是全体社会成员）的生活得到改善、提高。从具体的角度来看，求善分成两个层次，一是提高效率，即凡是能够创新、创造、提高人类的工作效率、生产效率且又不破坏环境的制度创新、体制创新、机制创新、工具创新、工艺创新、文化创新、艺术创新、学习创新……以及对它们支持、保护、保证、宽容的活动、行为、状态、制度、规则、发明或创造都是善的。一是保证社会福利即凡是能够让人类的每个成员，尤其是老、弱、病、残成员和孩子们能够共同享受文明进步的成果，能让每个成员的生存权、发展权等权利得到尊重、保护、保证的活动、行为、状态、制度、规则、发明或创造都是善的。当然，求善的两个方面，在某些场合中，会出现互相抵触的情况，但是，每个时代的人们会有自己的选择——侧重于善的某一方面，从而使研究者也会带有相应的倾向。

在最基本的价值评判——求真和求善的可评价变量——的基础上，经济活动主体还会形成许多层次的预期目的等，从而形成多层次的可评价变量，如资源配置合理化，企业利润最大化，实现国民经济的合理增长，抑制通货膨胀，保证充分就业，消除剥削，保护劳工，个人收入与贡献挂钩，等等。当然，不是所有的经济研究主体都持有或关注同一的价值评判。在不同的场合与背景中，主体持有的各种价值评判——可评价变量也会出现变化。经济活动主体所确定或认可的价值评判，就成为经济研究者的研究出发点（当然，也存在由研究者经过研究，给出后来被经济活动主体所接受的情况）。在这些可评价变量的提示下，研究者就会开始对相关的输入输出变量进行观察，并进行分析及寻找控制的措施等。

经济活动主体所确定或认可的价值评判或我们称为可评价变量的，就是通常人们说的政治经济学的终级价值/伦理原则：

每个个人与全人类的

1 幸福（与痛苦）2 安全（与恐惧）3 公平（与歧视）

4 独立（与依附）5 自由（与放任）6 平等（与压迫）

7 民主（与专制）8 效率（与缓慢）9 分工（与通做）

10 合作（与单干）11 科学（与蒙昧）12 法治（与人治）

13 秩序（与混乱）14 公开（与暗箱）15 宽容（与狭隘）

16 妥协（与斗争）17 和谐（与冲突）18 博爱（与血亲）

19 健康（与纵欲）20 快乐（与难受）21 富足（与贫困）

22 发展（与停滞）23 尊严（与侮辱）24 自我实现（自我泯灭）

经济活动主体所确定或认可的价值评判或我们称为可评价变量的，就是通常人们说的政治经济学的次级价值/伦理原则：个人与各群体、各阶层、各阶级的

1. 教育普及、机会均等、充分就业、物价稳定

2. 流动自由、择业自由、投资自由、交易自由

3. 劳动神圣、资本神圣、财产神圣、创新神圣

4. 市场公开、市场公正、赋税公平、分配公平

5. 利益分享、双赢多赢、反对剥削、反对压迫

6. 节约资源、保护环境、人与环境和谐

7. 生产能力提高、工作效率提高、要素效率提高

8. 资源配置优化、国民财富增加

9. 社会福利的普惠与持续增长

10. 市场法治健全、商业法规公平完备、消除垄断

11. 社会财富增量的分配公平、社会财富存量分布的合理

12. 每个个人的安全、自尊、舒适、快乐、幸福、全面发展

…………

经济活动主体所确定或认可的价值评判或我们称为可评价变量的，就是通常人们说的政治经济学家的研究工作的直接价值/伦理原则：

1. 各个个人、各家庭、各公司、各群体、各阶层、各阶级与各级政府、各种政党、各类社团之间的关系的实质是前者购买后者的服务，但它们却常常表现为后者决定前者的命运。

因而，必须时刻注意两者关系的倾向和自己的立场。

2. 市场、市场机制是解决个人、各家庭、各公司、各群体、各阶层、各阶级之间的经济交往的最令人满意的途径与方法。只有在市场、市场机制失灵时，才需要各级政府、各种政党、各类社团出面解决市场、市场机制已无法保证的自由、平等、公平的问题。

但现实生活中，常常是后者为了自己的某种追求与要求，而在不需要干预时，强行出头；或在需要干预时，始终不作为。

3. 从事政治的也是人，他们既有人的生物性，也有人的社会性，因而，他们也有自己本身的各种、各层次的利益追求。这些利益追求有些是正当的合理的，有些恰恰相反。大众需要充分肯定和满足他们的合理的、正当的利益要求，但更要注意他们把不合理的、不正当的利益要求包装成合理的、正当的利益要求，并利用权力将其变现！

4. 由于通信与交通的进步，现在，任一个人、家庭、公司、社团、政党、政府的任一行为都与民族国家、世界市场的直接关联在一起，因而，个人主义、民族主义和世界主义的价值观的差异与冲突无处不在。人们的每一个抉择，都面临对三种价值观中某一个或两个的接受和抵制。

因而经济学家们的研究工作和研究成果，也不能不爱到制约和影响。

四

进行观察，主体首先必须要有观察目的，然后由此来确定观察什么，最后决定怎样观察。

从广义上讲，观察的目的有三种：①确定是否存在问题的观察，②为认识及解释问题产生和存在的原因的观察，③为寻找有效地解决问题的措施所进行的观察。

对于第一种目的的观察，观察什么的确定取决于主体对于自己持有的各种可评价变量的偏好。当主体对某个可评价变量所涉及的现象感兴趣时，如对消除非自愿失业所涉及的现象感兴趣时，主体就会对与之相关的失业率、失业构成等一批可观察变量进行观察，以了解它们的值或状态是否与自己的期望——消除非自愿失业的可评价变量相符。也就是说，对于经济活动主体来说，每时每刻都接到大量的信息，但他却只会对自己感兴趣的信息加以关注。在这里，“感兴趣”的基础就是可评价变量的指向，“信息源”则就是可观察的输入输出变量，“关注”就是主体对这些可观察变量进行观察。

对于第二种目的的观察，观察什么取决于：①主体所确认的问题的性质和问题在经济活动中的地位。例如，主体确认的问题是宏观经济方面的，则观察的指向就是若干总量性的和社会结构方面的可观察变量；如是微观方面的，则观察的指向就是个量性的可观察变量。也就是说，主体要分析国民经济增长速度的制约因素，就要对储蓄率（或积累率）与资金系数、总供给及其增量、总需求及其增量、利息率、税率、物价水平及其变动率等进行观察；主体要分析提高企业效益的可能性时，就要对平均成本、总成本、边际成本、平均收益、总收益、边际收益、劳动生产率的现状和潜力、原料和产品存货水平、利率、税率等进行观察。值得提出，虽然经济活动是一个互相联系的网络，牵一点而动全网络，但是有一些问题所涉及的面要大一些，因而要观察的内容和指标也就多一些；反之亦然。②主体准备在什么范围内（即主体对要研究的对象系统所构成的相对孤立系统的边界的确定）解释问题产生的原因。如对通货膨胀的原因的探索，只在纯货币范围内讨论，则观察的变量指标就可以只是私人消费、私人投资和政府开支、在现行价格下可能得到的供给、货币供应量及增长率等；如还要扩大到生产领域，则还要增加劳动生产率提高幅度、工资增长幅度、大工会谈判力量、工资是否刚性、大公司的提价可能性等可观察变量；如还要结合经济结构的影响来讨论，就还要设立：(a) 各部门的供给、各部门的需求、供给大于需求的部门的商品价格是弹性还是刚性；(b) 开放经济部门的价格与成本、非开放经济部门的价格与成本、两部门的货币工资增长率；(c) 各部门的劳动生产率的增长速度、工资增长速度、不同部门的工资增长是否存在攀比效应等。这里要申明，上述的对在不同范围内讨论问题时所给出的可观察变量的组合，是几百年来人们对经济活动的输入输出变量的相互关系、经济结构、经济运行机制等进行探索的结晶。这些可观察变量的组合提供的信息，如果还不能使人们弄清楚问题的原因，可以开拓出一批新的可观察变量，组合起另一套可观察变量系统，直到达到目的。③主体准备用什么方法来认识和解决问题。例如，用随机观察法，则见什么观察什么，直到得到满意的信息，如寻找价格合适的替代品、寻找合适的设厂地点等；用共轭观察法，只选已知与对象相关的事态进行观察，如观察价格与成本以了解利润；用反馈观察法，观察某一变量的变化，又如何反过来使自身变化的情况，如观察政府增加支出是否能使政府的收入增加，并是否使支出再增加或减少；用因果观察法，只观察各种有因果关联——因果长链、互为因果、自为因果、网络因果、概率因果——的变量，如观察价格影响供求、供求又影响价格的过程与结果；用观察自身组织、自繁殖系统的方法，观察系统的组成、形成和增值，如观察“威克塞尔的循环累积过程”，观察社会主义国家的价格改革中出现的“百慕大三角”（价格，工资，财政补贴）的循环累积过程与结果，等等。

对于第三种目的的观察，观察什么的确定，就取决于准备采取的措施和所要达到的结果的内容。例如，为了消除非自愿失业，政府增加支出和放松银根。这时观察的指向就是从调整政府支出到失业状况的全过程。

在明确了观察目的、确定了观察什么后，就要选择用什么方法来完成观察。一般来说，观察的方法有几类：①通用性的观察方法——随机观察、有记忆的观察、共轭观察、反馈观察、同步观察、重复观察、放大观察；②保证观察的可靠性的方法——多角度、多渠道、多方式的同时观察，最短线观察，同步观察，重复观察，选择观察，情调观察，反馈观察；③保证观察的系统性的方法——观察因果长链的方法、观察自为因果的方法、观察概率因果的方法、观察相对孤立系统的方法、观察超稳定系统的方法；④结构性和整体性的观察方法——观察自组织系统的方法、观察稳定性的方法、观察周期性振荡的方法、观察自繁殖系统的方法、观察结构替代的方法、观察极端共存的方法。

可是，经济活动主体以及研究者是以什么原则和按什么要求来选择方法呢？一般地说，选用什么方法，从主观上看，受主体和研究者的知识结构，所使用的理论模型，经验和预期完成观察任务的时限等的制约；从客观上看，受被观察对象的性质、可观察性和各门学科尤其是方法论科学提供的知识等的制约。事实上，由于历代经济研究者的努力，许多经济研究成果提供了成熟的理论模型。这些模型提供了观察什么和怎样观察的一整套“模板”。

五

当经济活动主体提出了自己不能解决的问题后，它们在理论上的代表人——经济研究者，就会按照主体的价值评判——可评价变量的要求，设立可观察变量来观察经济活动“黑箱”的输入输出变量的数值和状态等。但仅有观察并不能完成认识问题及其原因的分析任务，研究者还要在观察的基础上进行说明和证明，以求对各种现象作出合乎经验和逻辑的解释与内在结构和运行机制的模拟。这种对现象间关系的解释和现象内在结构与机制的模拟，在一般的术语中，称为关系式、关系法则、关系证明式、关系推导式、理论模型等，本文同称为可理解变量。

要进行解释和模拟，研究者要确定自己解释和模拟的对象，解释和模拟的程序、目的与方法。

一般而言，研究者要解释的对象就是构成问题的（与可评价变量的预期不符的）输出变量的形成原因，所要模拟的对象就是输出变量和输入变量的关系、经济活动的内在结构与运行机制等。例如，当社会经济活动中出现了（人们不希望发生的）“短缺”现象后，研究者就要解释短缺发生的原因（哪些输入变量引起了“短缺”的各种输出），就要模拟“短缺”出现的过程与顺序，就要解释为什么会出现短缺（如为什么经济非货币化会导致“短缺”），等。因此，确定对象就是根据问题所涉及的范围来确定解释和模拟的范围。

从操作上看，可理解变量的建立程序有两种，一是经验型的可理解变量的建立程序，一是逻辑型的可理解变量的建立程序。

经验型的可理解变量是指研究者在对可观察变量进行观察的基础上，将所得到的数值、状态、倾向等进行分类、归纳、排列、组合后，所建立的可从经验上进行检验和验证的，帮助人们了解和理解经济活动“黑箱”的输入输出变量间的关系式和关系法则（模型）。经验型可理解变量的建立程序为：①观察各种输入输出变量的数值、状态、倾向等的变化幅度及频率；②按照研究者事先或从别的渠道所得到的指标对观察到的信息进行分类；③将经过分类后的各种变量的数值等按出现时间的先后次序进行排列，从而在数值的变动中了解各种变量间可能的依存、因果、并存与相继的关系；④在通过各种方法的检验和比较之后，组合起与问题相关的各种输入输出变量间的因果关系或因果关系模型；⑤用关系式等对各种变量的关系进行模拟，进行检验和验证；⑥确定验证后的关系模型为解释对象的经验型可理解变量。

经验型的可理解变量对各种输入输出变量的模拟，可以使人们对于现实经济活动的了解达到“知其然”的程度。从某种意义上讲，经验型可理解变量就是经济学方法论史上的“历史方法”学派多追求建立的理论或模型。

逻辑型的可理解变量就是研究者在经验型可理解变量已经给出的基础上，通过给出若干（可验证的或不可验证的）关于人性或人的行为的假定，并按照演绎推理的要求，建立起的可以在经验与逻辑上进行验证的，解释或证明经济活动“黑箱”输入输出变量间的关系为什么如此，而不是其他的模型。逻辑型可理解变量的建立程序为：①建立经验型可理解变量关系式或模型；②确定经验型可理解变量的关系式；③用关于人性或人的行为方式的假设作为大前提，用具体条件为大前提进行推理，推理的结论须与经验型可理解变量的首项一致；④以经过论证的“首项”作大前提，以基于人的行为方式假定的某些具体活动为小前提，进行推理，得到的结论须与经验型可理解变量的末项一致；⑤用逻辑和经验对前述推理进行验证；⑥验证后的推理的大前提，推理的各个中介和结论，就组成了逻辑型的可理解变量，即模拟和解释经济活动的内在结构与运行机制的可理解变量。

值得指出，历史上的经济研究者所给出的大前提多是有关经济哲学本体论的判断（如经济的本质是什么），主体论的判断（如经济主体的性质、种类和行为方式是什么），价值论的判断（如主体的基本的和具体的价值评判的陈述）和资源状况的判断（如资源是有限的、匮乏的）。例如，斯密、西尼尔、穆勒等关于经济主体是经济人的陈述，历史学派关于经济主体是社会人、伦理人的假设，凯恩斯关于人有三大心理规律的假设，萨缪尔森关于经济的本质是对稀缺资源合理使用的假设，马歇尔关于经济现象是连续的假设，全体经济学家关于资源是有限的假设，马克思关于价值是劳动创造的陈述。

逻辑型可理解变量对各种输入输出变量关系的模拟和解释，尤其是对经济活动结构和运行机制的模拟，可以使人们对现实经济活动的了解达到“知其所以然”的程度。在经济学方法论史上，逻辑型可理解变量是“理论方法”或理论学派追求得到的理论。

需要强调，任何层次的可理解变量都只是对现实经济活动的模拟或解释，而不代表现实经济活动本身。因此，一旦问题变化，或出现了能更好地解释或模拟变量现实的可理解变量后，原有的可理解变量就会被抛弃或修改。

六

可是，仅仅构造了可理解变量，并不意味着全部问题的解决，因而经济主体以及研究者就必然要探索，根据可理解变量给出的信息，调整或控制“黑箱”的输入变量，使输出变量符合主体预期目的的要求。但是，并不是所有的可观察的输入变量都是可以影响或控制的，因而主体只能控制那些能被控制的输入变量。这些能被控制的输入变量在本文中称为可控制变量。

确定哪些能被控制的输入变量为解决特定问题的可控制变量，则要在确定了控制目标和目的之后才可能。

从广义上看，控制目标一般就是与经济活动主体的预期要求不符的输出变量。换言之，控制目标就是经济主体按照自己的可评价变量的要求，使输出变量的数值、状态等保持在自己希望的范围。也就是说，控制目标和目的的确定及主体的可评价变量的要求与“黑箱”的输出变量有关。

在确定了控制目标和目的后，研究者要根据两类可理解变量对“黑箱”输入输出变量的关系和内在结构等的解释与模拟，确定一些能被控制的可观察的输入变量作为解决特定问题的可控制变量，即主体要实施控制的现象。

但是，仅仅确定了控制目标、目的以及控制对象——可控制变量，并不能满足主体的需要，还必须有明确的控制方向、有弹性的控制方式和有效的控制措施、准确的控制参数，才可能实现控制目的。

控制方向，是指经济活动主体对可控制变量的调整方向，如使可控制变量的输入值增大或缩小的方向。控制方向的确定，受可理解变量的内容和可控制变量本身的可调整性的制约。控制方向确定得准确与否，对是否能实施有效的控制，有相对大的作用与影响。

控制方式，是指经济主体对可控制变量的调整方式。如：实施直接调整或间接调整，一次性大调整或多次小调整，一次性调整还是反馈性调整，负反馈调整还是正反馈调整，刚性控制还是有弹性控制等等。控制方式的确定，不仅受可理解变量的内容和可控制变量的受控性制约，而且受主体在经济活动中的地位、性质与能力制约。控制方式的选择，对控制的效果有重要的影响。

控制措施，就是主体确定控制方向和方式后，所要采取的进行控制的具体工作程序、办法和决策等。控制措施的确定，主要受控制目的、可控制变量的受控性、主体的活动可能性的制约。一般来说，选用的控制措施一定要对实现控制目的起作用且不构成“陷阱”。

控制参数是实施各项措施时，必须遵守的度量、数量的界限或范围。

从上述程序来看，可控制变量的确定是实现控制的最主要的内容，因为控制目标、目的的实现，与可控制变量的受控性直接相关；控制方向、方式、措施和参数的确定，也受到了可控制变量的可控制性的制约。因此，一般来说，可控制变量的确定本身，就代表了其他内容的确定。

在控制目标、目的、可控制变量、方向、方式、措施和参数等确定后，经济主体就可对可控制变量实施影响或控制，使控制目的得到实现。如果实施控制的结果达到预期目的，则经济理论就不仅解决了现实经济问题中的实证性问题，也解决了其中的规范性问题。反之，则意味着经济理论中的某个层次还存在不完善之处，还需要按上述程序重新进行研究。

七

通过对经济问题研究程序的剖析，我们可以发现经济理论的内部构造。

经济理论，从其最终的功能来讲，就是对经济主体在进行经济活动时所遇到的问题的认识和解决的知识。因此，对一个经济理论来说，要能够完满地完成任务，就必须包含真实地代表主体的价值评判和预期要求的可评价变量；包含使主体能准确、客观、及时地观察经济活动的可观察变量；包含使主体能有效地对经济活动的内在结构、运行机制以及输入输出变量间的关系进行模拟、解释和说明的可理解变量；包含使主体能对经济活动进行有效调整与控制，使经济活动输出变量与主体的预期（可控制变量）相符的可控制变量。也就是说，一个完整的或形式与结构完备的经济理论，其中必定包括一组可评价变量。因而，缺少上述任何一类变量系统的经济理论，不仅在结构上是不完备的，而且功能也是有限的。

把经济理论的内部构造表现为四类变量群的组合，一方面可以为研究者提供研究中自我反省、自我调整的基础，一方面可以为主体对要使用的经济理论进行科学性鉴定和评价提供基础；此外，还可以为学习经济知识的学生在从具体的经济理论上学习构造理论的方法之后，从一般理论上掌握构造理论的基本程序提供基础；最后，它还可以成为研究历史上和现实中的经济理论的构造、功能和科学性的“模板”。

参考文献：

1. 《自然辩证法通讯》，1986 年第 6 期。

2. 刘挈敖著：《经济学方法论》，商务印书馆 1937 年版。

3. 金观涛、华国凡著：《控制论与科学方法论》，科学普及出版社出版。

4. 希克斯著：《经济学中的“革命”》，载《经济学译丛》1981 年第 6 期。

1984 年 7 月初稿

历史上的经济哲学科学论述评

雷晓明

经济哲学科学论是经济学的基础之一，或称为是方法论的方法论。它的任务是分析科学理论的任务和结构，科学研究的程序，科学理论与非科学理论的划界，科学理论的检验、评价等。但是这门学科在我国的经济学术界，还未引起关注。这对于我国的经济学术建设是极为不利的。为建设和繁荣我国的经济学科，加强经济学科的科学性基础，进而为建设我国的经济哲学科学论作准备，笔者试图对历史上的经济哲学科学论作一个介绍和分析，以引起学术界的关注和讨论。

本文拟主要对历史上的经济哲学科学论中的科学和非科学的划界，经济理论科学性的程度评价，经济理论的任务和结构的观点及认识，作一个介绍分析和讨论。

一

早期的古典经济学家没有专门讨论经济学中的科学与非科学的划界标准、经济理论科学性的评价和经济理论的结构。我们只能从他们自己的工作成果——他们所建造的经济理论——和他们所使用的方法及对方法的看法，来探索和讨论。

亚当·斯密在研究当时的经济问题，撰写《国富论》时，是同时使用了归纳法和演绎法，从历史和逻辑两个方面，探索当时的社会经济的内在机理的。他的《国富论》在结构上可以分为观察经济现象的可观察变量组合，评价社会经济现象的“当为”的可评价变量组合，解释社会经济现象的因果关系的经验型可理解变量模式和证明社会经济现象的因果关系的必然性的逻辑型可理解变量模式，控制经济生活，使经济现象与预期目标一致的可控制变量组合（这部分内容，详见另文）。因而，我们可以推论，斯密对科学理论结构的要求是，必须具有评价、观察、理解和控制变量组合四个部分。斯密对科学理论与非科学理论划界标准是理论的结构是否完整，理论逻辑是否符合归纳法和演绎法的要求，其从归纳法得到的关系或与用演绎法得到的推理过程是否符合，理论是否对特定的现象与问题有确定的指向，其功能是否能解释社会经济生活中的现象和存在的问题，为人们解决经济问题提供决策基础和方法。马尔萨斯和李嘉图的观点，以他们的成果《人口原理》和《赋税原理》的内容与结构、推理过程来看，与斯密的做法相似，但李嘉图更强调演绎法在理论科学性上的功用（关于他们的理论的结构和科学性分析，详见另文）。

纳骚·西尼尔、约翰·穆勒、约翰·坎恩士等人认为经济学是以“经济人”为前提的抽象的演绎的科学。在他们看来，归纳法固然与演绎法一样，都是获得科学知识的手段，但归纳法只是用来获得科学的基本原理或大前提，如“经济人”等，一旦得到基本原理后，就可以演绎出经济科学的中位原理和下位原理。可是，基本原理都是一些已知的东西，不需再用归纳法去获得，所以经济学只是演绎的科学。但是，他们并没有完全否定归纳法的作用。穆勒就认为，经验（即归纳）的方法虽不能发现新的真理，但却可以确证演绎方法所建立的学说。也就是说，在他们看来，经济理论科学与否的判定条件就是经济理论是否符合演绎逻辑的要求，是否经得起经验的证认（证实的就是，证伪的就不是）。

李斯特、罗雪尔、希尔德布兰德和克尼斯等人反对经济科学是演绎的抽象的划界标准，认为经济学只能是归纳的、经验的和历史的科学。他们强调经济学只应研究“过去是什么”、“现在是什么”、“过去如何发展到现在的”，而不应研究“应该是什么”、“未来将是什么”的问题。他们十分强调不知道历史、不知道各国国民经济的具体情况和变迁情况，是不能建设科学的经济学的。不仅如此，他们还强调经济学的时空性与伦理性，从而把过去潜伏在经济学内部的价值评判内容显现出来，甚至把事情做过了头，把经济学弄成了伦理的政策的科学，也就是说，在他们看来，经济理论科学与否的划界标准是：①经济理论的结构中要包括可评价变量、可观察变量、可理解变量的经验或历史模型、可控制变量（政策建议）。②经济理论能以经验上的模拟和理解历史及现实的经济现象、能为解决现实社会经济问题提供措施等。

施穆勒和布伦塔诺也持有与旧历史学派相似的科学论观点，只是更增添了心理方法、统计方法在解释历史和现实的经济现象中的作用，从而在划界标准上进一步强调了理论结构中观察部分和经验型可理解变量的重要性，强调了研究经济现象的出发点或大前提必须是“现实的人”，而不是“抽象的人”——“经济人”。

门格尔、庞巴维克认为历史方法和理论方法有同等的重要性，而认为经济学在认识上分为历史和理论两大部分，强调这两部分在认识上各承担着不同的任务，但两部分之间又不是完全脱离的；不仅如此，他们还认为，认识的目的还在于实践，因而经济学还必须包括实践的目的、原则和如何实践的内容等。由此，得到结论——经济学分为历史部分、理论部分和实践部分。同时，他们强调由于经济学的任务在于对经济现象的认识和理解，而历史方法不足以完全达到目的——如果片面强调历史的研究，就存在失去经济学本身的危机，必须要有理论方法即现实经验方法和精确方法的运用，才能达到此目的。也就是说，在他们看来，经济理论科学与否的划界标准就在于理论是否：①包括了观察部分（历史的和经验的“记述”）、理解部分（经济现象的经验法则和经济现象的类型及类型之间的精确法则）、实践部分（作为实践的目的和原则的价值评判及如何实践的控制措施，如政策等）。②同时使用了归纳方法和演绎方法并在逻辑上将两者结合起来。③解释了经济生活的各种现象，揭示了经济运行机制等。

瓦格勒和毕协耳虽然也是新历史学派成员，但由于强调经济学的任务在于现实问题的解决。因此，他们赞同门格尔等人的观点，认为经济学要成为科学，历史方法固然有作用，但关键在于使用演绎法，建立普遍适用的理论模型，作为解决现实问题的武器。也就是说，他们对于理论科学与否的主要划界标准是能否解释经济现象的各种关系和解决经济生活中的问题。

约翰·内维尔、老凯恩斯持有调和或综合历史方法和理论方法的态度。

因此，他们关于经济理论科学与否的划界标准的基础就是用历史方法来：①分析和确证那些不是以历史事实为根据的结论。②指明经济原则适用的范围。③提供一个达到具有理论性质的经济真理的基础。用理论方法来对已建立的经济现象的因果关系进行解释和说明，发现因果法则。这说明，在老凯恩斯看来，经济理论的内在结构，必须包括观察、理解（经验因果法则的理解和逻辑证明的理解）的内容，且经验法则和逻辑证明之间必须吻合。

亚孟认为理论要成为科学，其前提是将经验现象按一定的选择原理加以分类，把其中的可以在逻辑上构成一个统一思维模型的事物的联系，作为理论的认识对象。换言之，在亚孟看来，一个理论要成为科学理论，就不能泛泛而论，“百科”、“大全”式的理论必须按照特定的价值要求或选择，按照所使用的方法和要达到的目的——解决什么问题，确定要观察的经济现象和经济条件。

桑巴特与亚孟有相同的看法，并为经济学的任务是理解经济关系，因而在他看来，经济理论能否成为科学，就在于其能否帮助人理解经济现象及现象间的关系，至于使用什么方法倒是其次的。换言之，桑巴特的科学与非科学的划界标准之一就是经济理论具有解释问题的功能。

二

马克斯·韦伯认为：科学本不包含价值判断，虽然社会科学在问题选择时是与价值评判关联的，但其研究方法却是与价值不相关的——价值中性。也就是说，经济学作为经验科学，最多能先告诉我们“人能做什么”、“人想做什么”，而不能告诉我们“人应该做什么”，因而“超价值性”的经济学研究“存在”（What to be），而不研究“当为”（What ought to be）。人们进行研究，目的不是要得到理论（理念范型），而是通过构建理论去理解现实。因而在他看来，一个理论是否科学，一方面看其研究中是否包括了“当为”的内容（注意，他并没有否认在构成问题上的价值评判的前提作用，只是不赞成用价值判断来做理论的实践目标，或使经济理论伦理学化或政策化），一方面看其是否根据一定的观点将现实经济生活的某些要素进行加工，构造一个在逻辑上统一的思维模型，且这个模型可以帮助人们：A. 构造历史和现实的经济现象的因果联系，从而了解现实的本质，B. 确定现实或历史上的经济的性质，发现现实的特征和实质，C. 明确地将历史阶段上或现实中的经济生活，用一个逻辑统一的理论模型表示出来。换言之，他认为科学理论的结构只包括历史或现实的经济现象（可观察变量），经济现象的因果联系与逻辑统一的理论模型（两类可理解变量）和作为构成社会科学问题基础的价值判断——“值得去知道”（可评价变量），而不包括“当为”或“应该是什么”的价值判断和“实践的处方笺”——“政策建议”（可控制变量）的内容。但是韦伯仍然承认，自然，经济学亦如其他的一切文化科学，它的发生和成立，皆可谓是本于实践的需要。对于国家的一定的政策，而加以伦理的价值判断，这可谓就是经济学最直接而且唯一的目的……不过这种认识，到现在已渐渐变化了，一般人虽犹未达到区分“存在”与“当为”之境，但他们已颇觉经济学并不为实践的处方笺了。桑巴特是韦伯观点的拥护人。他说，吾人之所以的排挤伦理的经济学，并不是说伦理在经济生活上无作用。吾人之任务为科学研究，但科学则与伦理不相容……凡伦理的价值判断，皆是应与科学的研究隔离的。桑巴特认为上述看法的理由在于“人格及价值分化”。由于人性之复杂和伦理观念之发展，此人格与价值，是日益趋向分化之路的。而对于劳动者之保护和工会之助长，有人或本于科学的根据而主张之，有人或又本于科学的根据而排斥之，两派的相反意见，皆自谓其科学的根据，足证此问题之不能加以客观的解决，皆基于人格与价值分化的理由。狄尔、阿·韦伯、蒲莱、伍尔夫、爱润柏等人也支持韦伯和桑巴特的观点。狄尔认为，科学的主要任务，只在基本现象之概念的说明，此说明对于实践的活动，虽可贡献出一些参考材料，借供实践家之利用，但若谓此说明即为一种普遍妥当的规范的价值判断，则为大误。因为“政策不为对于时流的妥协，不过为瞬时可能的技术，在政策的主张之下，常潜存着各人的文化理念，故政策是不能用科学证明，而不能成为科学的政策的”。阿·韦伯认为：“政策不过为一种技术，其根源则完全发自政策主体的世界观，而不能加以科学的说明。经济学既为一种科学，便不能干预政策的问题。不仅如此，经济学对于经济现象，只能加以理解，加以说明，而不能加以批评或加以判断。但他仍认为伦理与政策对于实际生活的重要，但它们属于形而上学的研究领域。”

在韦伯等发表上述意见之后，施穆勒、库恩、赫克勒、海塞等提出相反的看法。施穆勒说：“主观的价值判断，虽不能加以科学的考察，但客观的价值判断，却可以用科学加以说明。所谓客观的价值判断为何？……为全国的全时代的甚至全世界之共同的价值判断。……由于历史发展的结果，昔日个别不同的价值判断，现在均有渐次接近渐次统一的倾向。”库恩认为：“宇宙观不但不为科学研究之障碍而且还为科学研究之前提。”“伦理的价值判断，加以‘正义’的观念为其基础，此正义的观念，则因为数百年间几千万人之精神的沉淀物，故颇具客观性，而可被吾人加以科学的研究。”赫克勒认为，经济学亦同医学一样，医学可在“保健”的统一理念之下行价值判断，故经济学亦可在“国民福利之促进”的统一理念下，以行经济生活的价值判断。海塞说：“经济社会，根本为一目的构成体，在此目的构成体内其主要的事项当然为目的与手段，或目的与目的之关联。此目的与手段或目的与目的之关联，即为构成经济现象的要素，故吾人于研究经济现象时必行技术的价值判断甚至道德的价值判断，实为势所必然。”

由上可知，在施穆勒等人看来，科学的经济理论中必然包括价值判断——只不过是客观的、全人类的价值判断——的“当为”及“应该是什么”（可评价变量）的内容和政策建议（可控制变量）的内容。

威尔布兰德、赫兰德和夏克等人后来又在施穆勒等人的基础上，对价值判断问题作了进一步修正。他们认为：如果有超越的目的即假定的价值理念存在，则本于此超越的目的即假定的价值判断，亦非全不可能。但这个超越的目的，不是一个“信条”，而是一个假定，因而由此作的价值判断不过是一个暂定的结论，而不能直接期望于实际运用。他们认为，这个超越的目的不能只是抽象的形式的假定，而须有明了具体的内容，且为使其能成为衡量现实的标准起见，此超越的目的尤须不能与现实生活发生矛盾。因为可能超越的目的极多，威尔布兰德是用“匮乏的防止”，赫克勒是以“国民收入与国民财富的增长”为经济学的超越的目的。也就是说，在他们看来，科学的经济理论中应该包含价值判断和政策主张，但价值判断和政策主张都必须在经济学的总的价值判断的约束下形成，而不再是任意的。

三

在经济科学的任务是什么的问题上，各派学者也有不同的看法，古典学派、新古典学派以及其他理论经济学派的学者们均认为，经济学的任务就是研究和发现支配财富的生产、分配、交换和消费的法则。李嘉图说，经济学之主要问题，为支配着分配的法则的决定。麦克库洛赫说，经济学为研究支配财富之生产分配及消费之法则的科学。老穆勒则说，经济学是研究社会现象中之关于财富之法则的学问。熊彼得则宣称：经济法则之集聚便构成纯理论的经济学。罗雪尔也认为经济为研究国民经济上发展法则的学问。马克斯·韦伯、斯苔芬格、左右田喜一郎、桑巴特等人却认为研究和发展经济法则不是经济学的任务，而只是经济学要完成的任务——解决对经济现象及其内在原因等的认识——所须用的工具。斯苔芬格甚至认为，由于我们的目的不是发现或建立经济法则，而是认识或理解经济现象。因而经济法则是否完全与现实一致就可以不必计较，只要它们能帮助我们认识和理解经济现象就行了（这已经是控制论中的“黑箱”理论的理论观了）。

四

近现代的经济学家们也在前人的基础上，进一步提出了新的见解。

哈奇森主张，任何经济学说要取得科学的资格，必须经受在人与人之间的验证。哈奇森认为经济学命题有所谓同义反复命题和经验命题之分，且前者居大多数。同义反复命题的真义认为现实世界可以在概念上得到再现。哈奇森科学论的基本思想认为经济学所研究的应当是可以在经验上加以验证的命题，而应当加以验证的是命题的前提而不是理论的预言。也就是说，他的科学与非科学划界的标准是可证认性，只是偏重证实方面。

奈特从先验论的方法论出发，认为经济学理论体系完全由内省前提导出，不接受任何经验世界的验证。他的理由是经济学与自然科学不同，它研究的是经济行为，而经济行为完全受人们的自身目的的支配，因此，经济学不可以像自然科学那样接受经验世界的验证——不可检验性就是真理的标志。他的科学论是否认可证认性的，但理由却不充分，因为有目的的行为的可检验性在控制论已发达的今天，已不成为问题。

萨缪尔森运用布里奇曼的操作主义方法论思想，提出经济学的基本目的是建立有实用意义的经济理论，而有实用意义的经济理论的基础只能是经验材料，也就是说他的科学性的划界标准是理论是否同实际领域和观察资料紧密联系，并能经受后者的检验，即将经济学的抽象概念同进行物理度量的经验操作联结起来，并能从操作上验证经济理论的概念和推理。

弗里德曼继承经验主义方法论传统，认为具有科学性与否，取决于其做出预言的能力，取决于其能否接受经验事实的检验。弗里德曼同时认为，对理论的前提加以检验是不必要的，前提的虚伪不仅不是一个缺点，而是优点，因为：①任何假定都不可避免地舍掉一些变量，因而不可能与现实完全吻合——假定具有抽象性；②经济行为的非自觉性，经济行为是理论前提的出发点，经济行为的非自觉性不易把握——假定的不确定性；③一个理论的前提，是更一般的理论的运用，只要更一般的理论是可以加以检验的，那么在具体理论中的虚伪的前提，在一般理论中作为内容或结论是可检验的。

帕潘德雷欧从反证方法论的角度，将经济学的内容区分为模型和理论，又将理论区分为基础理论和经过验证的理论，只有经过验证的理论才是真正的理论。但是，他认为，历来经济学所建立的经过验证的理论为数非常少，即真正科学的经济理论数量很少，人们多半满足于模型或基础理论这种不能称之为真正的科学的理论。

罗宾逊认为传统的经济学基本上是一种辩护性学科，其理论论证浸透了意识形态成分。它一只脚踏在未经检验的假说之上，另一脚站在意识形态性质的宣传口号之上，很难称之为科学的经济学。

里普瑟推崇波普的证伪主义方法论，并从经济学的实际，对证伪方法做了修正，提出了统计检验方法。由此里普瑟认为对于一个理论的证实和证伪，永远不可能是最后完成的。因为单单依据一个证据无法判明一个理论的真伪，而必须拥有多方面的依据。但人们现有的知识是有限的，因而只能判定一个理论的真伪的概率，这种检验不可能十分精确。也就是说，里普瑟的科学论就是理论的证认性——证实与证伪，只是添加了若干理论保护措施来抵消证伪方法的自然科学传统。

罗宾斯赞成逻辑演绎法传统，认为理论必须经过检验才是科学的。对于理论的检验，他认为有两个方面——理论的正确性和适用性，理论的正确性取决于逻辑推导是否适当，理论的适用性决定于该理论对于特定环境的各种因素的反应能力，但是，他的理论的最终检验手段是观察和内省。

五

从前述历史上的经济学家对经济哲学科学论的论述、看法、意见等来看，他们都或多或少地对这门学科的建设贡献了成果。他们中的许多人还身体力行地按照自己的划界标准进行科研。得到一流的科学成果——划时代的经济理论。但是，他们的单独的观点却缺乏整体性和系统性，而不能构成一个严格的，从各个角度对科学理论与非科学理论进行区分的判定条件组合。可是，当我们从归纳的角度看就可以发现，把他们的观点综合起来加以组合，基本上可以得到符合现代科学水平的判定条件组合。下面，我们对此作了一个简短的评述和概括。

首先，经济科学的任务是什么，是发现法则还是得到认识对象的工具，笔者以为，是后者，不仅如此，笔者以为经济科学的任务中还要加上解决问题的内容，因为，人类的知识都是以存在问题——一类是认识问题（“是什么”或“存在”），一类是价值问题（“应该是什么”或“当为”），一类是待解决的问题（“如何做”）——为必要前提的。对于第一类问题来说，人们关心的是知道与否——其前提是“值得去知道”的；对于第二类问题来说，人们关心的是自己的价值评判与追求合理应是什么——其前提是这些追求和评判从人性与环境约束的角度及关系来看是合理的；对于第三类问题，人们关心的是自己的目标如何实现——其前提是现实状况与价值评判不相符及人们有能力改变条件与现实环境。从经济生活的角度来看，经济知识及经济科学的任务就是要“解决”这三类问题——从广义上理解，任何现实经济问题就是上述三种形式问题的统一。所以经济科学的任务就不仅是发现或建立法则，而是通过建立法则去解释和解决经济问题。

其次，经济科学的任务既然是要解决上述三类问题，因而在其理论结构上就必然要求具有一定的内容。以解决第一类问题来说，需要有价值评判前提——“值得去知道”，但不需要有价值目标，因而在可评价变量系统中只有一部分内容；需要有为认识问题用的观察角度、指标等，因而有可观察变量系统；需要有为说明所观察到的经济现象的因果关系的模式，因而有经验型的可理解变量；也就是说，为解决认识问题的经济知识，要达到目的，就必须在结构上具备可评价变量、可观察变量和可理解变量（历史学派否认逻辑型可理解变量的做法，有失偏颇）。为解决第二类问题的经济知识所需要的结构，从形式上讲，与解决第一类问题的知识结构相同。为解决第三类问题的经济知识结构，除了包含前两类知识已有的结构外（其中解决第二类问题时所形成的结论就转化成了第三类知识的可评价变量内容），还要增加控制目标、目的、方向、措施、方式和对象（可控制变量）等内容，也就是说，为解决第三类问题的经济知识，在结构上必须有可观察、可理解、可控制与系统的可评价变量组合。韦伯等人强调解决认识问题只需要可观察变量与可理解变量（以及作为前提的部分可评价变量）的内容是无可厚非的，但如果一定不允许解决现实问题的经济知识在理论结构上由四个变量群组成，则未免过于苛刻了。由此，可以从形式上看，理论科学性与否的第一个判定条件就是根据理论所要解决的问题的形式或层次，理论在结构上是否完整。

第三，强调经济知识必须是归纳法或演绎法（又称历史学派或纯理论学派，如西尼耳等）的成果的学者，各持一端，未免以偏概全。事实上，从解决认识问题和现实问题两个方面的任务来看，却是都需要两个方面的内容的：前者（归纳法）提供的成果，是提供“知其然”的知识，后者（演绎法）提供的成果是提供“知其所以然”的知识。不仅如此，这两部分知识在同一个理论中还必须是高度嵌合的，即用归纳法得到的结论，是可以而且必须用演绎法加以证明的结论。因此，可以说，经济理论具有科学性与否的第二个判定条件就是经济理论的逻辑完备性——归纳逻辑的完备、演绎逻辑的完备和归纳逻辑的结论与演绎逻辑的结论的嵌合的完备。

第四，西尼耳、穆勒、坎恩士等人强调了理论的证实性，哈奇森、里普瑟等强调了理论的证伪性，以及奈特、萨缪尔森、弗里德曼、帕潘德雷欧、罗宾逊等人强调的可检验性都表明，理论要成为科学，首先要经受各式检验。检验后，证实的固然是科学的，证伪的也同样是科学的。因为现代科学哲学已经表明，一个理论的可确认性即清晰性愈高，可证伪性愈强，其科学性就愈强。只有可以证伪或检验的理论，才可能保证科学的纠错机制发挥作用，而那些模模糊糊，似是而非的理论，无法检验和证伪，人们既无法肯定，又无法否定，就必然成为科学进步的障碍。所以，可以说，经济理论的可检验性或可证认性（证实性和证伪性）就是经济理论科学性的第三个判定条件。

第五，正如前述，经济理论是解决问题的，但是，一个理论要解决什么问题是需要明确无误地陈述出来的。正如亚孟和桑巴特等谈到的，经验现象太多，不能全部成为一个理论的对象，也就是说，人们只对关心的现象和问题进行考察和思考，因而只有那些与人们的要求标准和目的相关的经济现象才能成为特定的经济理论的研究对象。因此，经济理论成为科学理论的条件之一就是明确给定所要解决的问题的类别和性质——定题性；也正如前述，历史上的多数学者认为经济理论的功能或任务是解释经济现象及其内在机制的，因而，经济理论能否成为科学的条件之一就是它是否具备了解释经济现象及其原因的功能（这里不涉及解释的完美性或好坏，而只是涉及解释的功能形式）——释题性；再者，也像斯密、李斯特以及新旧历史学派、门格尔以及奥地利学派、近现代的凯恩斯以及后凯恩斯主义各派和反凯恩斯主义各派等所主张和所身体力行的一样，经济理论的任务之一是要解决现实经济问题，因而，经济理论能否成为科学的条件之一就是它是否具备解决现实经济问题的功能（不涉及能否解决，能否解决属于证实和证伪所讨论的问题）——解题性。概括起来，经济理论科学性的第四个判定条件就是经济理论是否具有定题性、释题性和解题性。

第六，如同萨缪尔森所提倡的一样，经济理论的抽象概念需同可以进行物理度量的经验操作联结起来，从而可以使人们在检验和应用经济理论时，可以进行经验操作，而不是仅仅停留在思辨上。笔者认为，这个观点是正确的，符合科学性的，因为既然经济理论是为解决问题而存在的，它就应该是可以具体操作和实施的。因此，可以说，经济理论科学性的第五个判定条件就是经济理论的应用和检验的可操作性。

参考文献：

1. 西尼尔著：《政治经济学》。

2. 小穆勒著：《逻辑体系》、《政治经济学未解决问题论文集》。

3. 坎恩士著：《经济学之性质与逻辑方法》。

4. 李斯特著：《政治经济学的国民体系》。

5. 罗雪尔著：《历史方法的国民经济学讲义大纲》。

6. 希尔德布兰德著：《经济学的现在与将来》。

7. 克尼斯著：《历史方法立场下之经济学》。

8. 施穆勒著：《国民经济、国民经济学和方法》。

9. 布伦塔诺著：《古典经济学》。

10. 门格尔著：《经济学方法论研究》、《德国经济学的历史主义的谬误》。

11. 庞巴维克著：《古典经济学》、《历史与理论的经济学》。

12. 瓦格勒著：《政治经济学原理》。

13. 毕协耳著：《国民经济之成立》。

14. 老凯恩斯著：《经济学的范围和方法》。

15. 亚孟著：《理论经济学的对象与概念基础》。

16. 桑巴特著：《现代资本主义》、《经济学的历史与体系》。

17. 马克斯·韦伯著：《社会科学的与社会政策的认识的客观性》。

18. 刘挈敖著：《经济学方法论》，商务印书馆 1937 年版。

19. 卡尔·狄尔的弗赖堡大学《就任演说》，见韦伯《科学的经济学的任务》。

20. 哈奇森著：《经济理论的意义和基本原理》。

21. 杨德明著：《简论当代西方经济学方法论的演变》。

1984 年 8 月初稿

近现代科学哲学的启示

——关于经济哲学科学论的思考

雷晓明

当前，我国经济理论界和整个社会都急需一套系统的、客观的和合理的关于经济理论科学性的判定条件（或划界标准），因为：

1. 以国家为首的各类经济活动主体需要用它来判别和评价各种经济理论的科学性，以选用其中适用性高的理论来解决自己所面临的问题。

2. 经济理论界要赶超世界先进水平，就需要用它来鼓励和抑制某些研究精神、倾向和风格等。

3. 经济学说史界要用它来统一或重新统一研究者们对历史上经济理论的形式、功能、作用和科学性的评价。

4. 经济教育界要用它来培养和造就学生的科学精神，并为学生在未来的工作中创造性地解决问题提供示范和“模板”。

5. 经济理论界要用它来作为决定引进哪些经济理论的标准和原则……总之，创立经济理论科学性判定条件的工作是刻不容缓了。

但是，创立经济理论科学性的判定条件，绝非一朝一夕就可以完成的了。笔者认为，可以从近现代西方科学哲学的分析和讨论中得到启示，可以从历史上的经济学家的工作成果和科学观中得到启示，以加速经济哲学科学论划界标准的建立速度。本文侧重对前者的讨论（对后者的讨论将另文进行）。

一

近代科学哲学的起源可以追溯到培根和笛卡儿等，但它的直接起源却是对黑格尔思辨哲学（又被称为“形而上学”，指一切非实证的“知识”，亦即神秘的、独断的、纯思辨的“知识”）的反思。人们对黑格尔的攻击集中在反驳他的哲学方法，人们认为不存在一种比科学方法更高的哲学方法，人们所能掌握的最有效、最可靠的方法就是科学方法。由此，西方哲学逐渐形成一个新的研究领域，即以历史上的和现存的科学知识、科学实践和科学方法为对象，研究科学之所以为科学，科学之所以异于非科学，科学知识之所以确实，科学方法之所以合理等问题，从而产生了20世纪的西方科学哲学。

早在17世纪，西方哲学研究的中心就开始从本体论转向认识论，开始从人们获取知识的过程来研究所获得的知识的真伪。在这时，哲学家们提出的判别真理的方法就是，在考察被作为真理的知识究竟是如何获得的，换言之，知识的真理性要由取得知识的过程（方式、方法）来保证。但是，经典认识论孤立地考察认识活动，认为在认识活动中认识主体出现在认识活动之先，认知过程出现在认识对象之先。可是由于对象是呈现在主观中的现象，对象本身已是知识，因而真理不能以对象为基础，也不能以对象为判据，于是就产生了不可知论的困难。经验主义的本意是知识的真假应该由经验来判定，这本来就是科学所使用的方法，但是不可知论表明这一方法不能简单地移植到哲学中来，由此，不存在判别真理的可能。同时，理性主义提出，如果把知识仅仅看做是主体性质及主体能力的一种呈现物，就可以说明普通必然之知识之所以会存在的理由。但这种解释的根本困难是：知识真假的判别成为纯主观的事情，从而无法解释具体知识何以能用于实践并必须受到实践经验严格检验的事实。

经典认识论虽然没有成功地提出一种判别普遍真理的方法，也没有能给出一种判别具体知识真假的方法，但它却提出了考虑问题的思路：把知识还原于经验和把知识还原于某种先天的基本原理。

也就是说，17世纪以来，科学的巨大进步，使人们拥有了大量可依赖的知识，其中包括理论性的普遍必然的知识——科学知识。这些知识的获得，对它们的评价、判断和使用，都不是哲学的工作了。哲学家的选择就是接受（科学主义）或回避（反理性主义）。这样，20世纪以来的科学主义思潮的主要点就是：科学已经走到哲学的前面，真理首先得在科学中寻找，科学提供了真理的样板。也就是说，科学主义哲学家不再认为可以通过对认知过程的研究而找到一种判别真理的方法，因而转向研究科学，因为他们认为科学知识是最具真理性的知识，并对此坚信不疑。可是，为什么这样？他们必须回答：科学究竟是什么（科学与非科学的区别是什么）？要回答这些问题，就只有去研究知识或科学，这就形成了20世纪初西方哲学的第二次转变——从经典认识论转向知识论。

知识论，亦即对科学知识的研究，是科学哲学的开始。这时，哲学以已有知识为对象，分析知识的构成成分及各成分之间的逻辑关系（分析知识的结构）、研究科学与非科学的区别（划界标准）、考察科学家接受或拒绝某种结论时所根据的理由和所使用的方法（科学方法论）、揭示科学的演化机制（新理论如何取代旧理论的途径或程序）……

二

西方哲学史上对知识论的研究角度有几种，在近代，有培根的归纳或经验角度、笛卡儿的演绎或理性角度、康德的先天主义角度等。

培根主张科学是一个归纳系统，普遍的一般的知识是通过归纳大量来自经验观察的具体的特殊知识形成的。因而，普遍的知识可靠与否依赖于归纳方法是否正确。归纳主义的立场有实践经验作根据，有自然科学作为它的强大的后盾。但是归纳主义的方法论却是它自身的致命伤，因为休谟的“归纳问题”提出：从具体的偶然的个别的知识永远不可能得出普遍的必然的推论。换言之，普遍真理不可能由具体经验归纳出来。任何归纳结论总存在出错的可能，总不可能完备。因此，如果自然科学仅仅以经验事实为根据，那么它的结论也只是这些经验事实的归纳结果，因此也是靠不住的。这就提出问题：自然科学的真理性何在？

笛卡儿主张科学是一个演绎系统，普遍的一般的知识只可根据少量最原始的不证自明的先验真理演绎而来。具体经验所起的作用只是给定了普遍规律在某种场合下所覆盖的具体对象（指明普遍规律的具体表现），普遍规律与经验条件的结合就将给出具体的特殊的知识。但是演绎主义也有自己的问题：

作为科学的基础的这些前提究竟是什么？它们本身的真理性又由什么东西保证呢？换言之，由于演绎主义在逻辑上无懈可击，就使人们很难否认有这么一种知识的本体的存在。但是，一旦承认这个知识本体是知识真理性的基础，就产生一个更重要的问题：这种知识的本体究竟是什么？从经典认识论的角度看，问题就变为人们究竟如何能获得这种知识的本体。理性主义的回答是人具备某种异己的超人力量（把真理赋予人心），或者某种抽象的“理性”的固有能力，从而能够获得这个知识的本体。可这已经成为神秘的直觉或“神性”了。这样，理性主义的答案又把自己与科学的理性精神——审查、批判和怀疑对立起来，使自己缺乏一个有说服力的基础。

由上可知，经验主义分析的问题在于其方法论的可靠性，理性主义推导的问题在于其大前提或基础的真实性。康德的先天主义方法论却开拓了一个能兼顾双方优点的新方向：把使知识能呈现出普遍性和必然性的因素，既不归结于认识过程之外的某种神秘力量（上帝的意旨等），也不归结于作为知识的原材料的经验，而归结于认知过程所具有的形式。康德的贡献为：①提出决定知识真理性（普遍必然性）的不是认知的内容而是认知的形式，从而对内容和形式的区别给出一种全新的解释。②第一次从逻辑上而不是从认知心理上论述了认识过程的形式，由此突破了经典认识论。但是，先天主义者方法论在研究和论证科学成果时仍然失败了——未经受住科学发展的考验：非欧几何的出现表明欧氏几何并非绝对真理，相对论则表明牛顿力学只是特殊领域的知识。可是，先天主义则有其不可磨灭的贡献，即使得对认知过程的研究被对知识的研究所取代，相应地对认知过程的形式的研究被知识的形式的研究所取代。尤其是经过弗雷格和罗素对语言逻辑的研究，哲学家们得到了一种全新的看法：知识的形式并不是“语言的具体表述形式”，而就是它的逻辑形式。这样，就得到一个崭新的方法论：普遍必然知识之所以可能，或者说，知识之所以可能为普遍必然，完全是由于知识的形式即知识的逻辑形式决定的。知识的内容（相对于逻辑形式而言的事实性内容）则来自经验，它们是具体的，不需要在它们中间寻找知识的普遍必然性的来源。由此，科学就成为一种建立知识的活动，把片断的原始的具体经验用某种适当的逻辑形式表述出来，并组织成为一个范围广泛的互相联系的严密的知识整体（系统）。这样，“一切知识只是凭借其形式而成为知识，知识通过它的形式来陈述所知的实况，但形式本身是不能再被描述出来的。形式的本质只在于知识，其余的一切都是非本质的，都是表达的偶然材料，和我们用来写一个句子的墨水没有什么不同。”①

由此出发，科学主义的哲学家们转向逻辑研究，企图表明逻辑是一切普遍而必然的知识的基础。结果导致了康德的先天主义之被改造成罗素的逻辑原子主义。经典认识论中获得知识（真理）的方法在知识论中已相应地转变为知识本身的逻辑结构。罗素对此说：“纯粹逻辑是独立于原子事实之外的；但是，反过来，原子事实在某种意义上也是独立于逻辑之外，纯粹逻辑的原子事实是两个极端，一个是完全先天的，一个是完全经验的。不过，在两者之间有一个广阔的中间地带。”② 知识就是属于这个中间地带，作为科学哲学之开始被还原为它的两极，它的形式应该被还原为逻辑，它的内容应该被还原为经验。

三

知识如何被还原为形式和经验，成为 20 世纪早期的科学哲学家如罗素、弗雷格、维特根斯坦和逻辑经验主义的主要研究工作。知识还原为逻辑和经验，被称为是向上还原和向下还原，这大致相当于经典认识中的理性主义和经验主义两个方向。在此刻的知识论中，理性主义与经验主义的结合已超出了康德在先天主义中所做的努力。先天主义通过认知过程把分析和综合结合起来，而在知识论中，先天与经验的结合却体现为知识本身的形式和内容的结合。正是通过对知识形式和内容的区分，才使这种结合有可能通过对知识结构的分析而被体现出来。

知识论的两种还原却与过去的方式不一样，都是使用符号逻辑作工具。

① 马克思：《哲学的转变》，转引自洪谦主编《逻辑经济主义》（上卷），第 8 页，商务印书馆 1982 年版。

② 罗素：《我们关于外部世界的认识》，载洪谦主编《西方现代资产阶级论著选辑》，第 237 页，商务印书馆 1946 年版。

向上还原的被称为“元数学”，向下还原的被称为“元科学”。在知识向下还原到直接经验方面（或关于直接经验的陈述），逻辑经验主义以两个不同的角度展示，一是卡尔纳普的构成系统，另一为归纳科学方法论，后者是主要内容。构成系统是在逻辑上重新建立知识的概念系统，这一系统要把知识中所使用的全部概念都还原为关于直接经验的基础概念。这里考虑的焦点是逻辑问题，是知识的逻辑等价性，即概念还原（或取代）后知识仍要保持不变。它不关心科学的形成、发展和工作过程。归纳科学方法论则是把自上而下的还原处理作自下而上的归纳，而归纳则指在科学实践中被科学家所使用的一种从个别经验导出或论证普遍假设的推理。归纳科学方法论追求的是给出这一推理的规则。因此，构成系统和归纳科学方法论尽管有许多差异，但总的目标是一致的，对科学的看法是相同的，要阐明的是同一论题：归纳主义的科学观。

但是，自从休谟提出质难以来，归纳主义一直缺乏根基，归纳的表证始终是科学哲学的难题之一。换言之，人们力图表明在科学中应用归纳方法是合理的，归纳方法在使人获得确实可靠的知识的同时，所给出的论证却总是不令人信服，正如欧氏几何第五公设长期得不到证明，其结果使人们考虑抛弃这一公设一样。在知识论中相应出现了反归纳主义。

反归纳主义的中心概念是“科学假设”。这一思想的出发点是认为任何科学知识首先是以假设的形式被提出来的。假设并不是从经验材料中归纳得来的，它只是人们的一种猜测。在提出假设的过程中，经验材料所起的作用仅仅只是给了人们一些启发而已。换言之，科学假设并不能简单地用一套给定的归纳规则通过逻辑推理而从大量观察结果中设立。科学中的逻辑推理要在科学假设提出之后才能开始，而此时的推理就仅仅只用到演绎——从假设演绎出一些可以与经验材料相比较的具体结论。这些结论与经验材料的比较就对假设进行了检验。逻辑经验（证实）主义认为假设的检验必须使用归纳逻辑，即必须从经验证据通过归纳推理来验证待检验的假设，并认为经过检验被证实的才是真正的知识或科学的命题；波普的证伪主义则否认在科学研究中有什么对于假设的归纳验证；认为科学的发展在于对错误假设的不断否定——证伪中。因此，无论证实，还是证伪，都表明科学是一个假设—演绎系统，而不是一个经验—归纳系统。

四

随着哲学家们对科学是什么，知识是什么，考察科学或知识的角度或方法论的看法的变化，科学哲学家们关于科学与非科学的分界标准也随之变化。

古典理性与经典论者都认为科学知识是“绝对无误”的，是经过证明的知识。因此，他们的分界标准就是，知识经过证明为绝对无误的，就表明它是科学的，反之亦然。但是，对于理性论者来说，要证明知识无误的逻辑推理面临着一个重大的难题：能否得到绝对无误的，绝对真实的前提或本体性知识；对于经验论者来说，要得到绝对无误知识的归纳方法也面临着另一个难题：能否保证经验基础的确定性和归纳推理的正确性与完备性。由于这两个难题的无解，一切知识就变成不可证明的了，因而不存在绝对无误的知识，这样，人们转而寻找其他标准。

逻辑经验主义者卡尔纳普认为区别科学与非科学的标准是“有意义”。他提出了四种不同的“有意义”的标准：完全可检验性、完全可确认性、一定程度的可检验性和一定程度的可确认性。这种标准，把形而上学的思辨知识的陈述作为没有意义的，从科学中排除掉了。但是，由于发现经验科学的陈述具有超出能够用有关观察语句来表述的意义之外的剩余意义，就使得用“有意义”的标准来作为划分科学与非科学的分界标准太苛刻了。

逻辑经验主义者中的另一些人认为，观察陈述或数据既是科学语言有意义的唯一源泉，也是科学陈述辩护的唯一根据。虽然他们放弃了用数据等可以为科学进行证明的要求，但仍认为可以由作为证据的观察陈述与假说的逻辑关系设立一个假说的确认程度与概率，这就是证实科学与非科学陈述的分界点。但是，由于“观察依赖于一个概念结构，观察是充满理论的”。因此随着观察和理论本身的区别的消失，证实标准的使用就会出现偏差。这样，证实标准就不能成为唯一的分界标准。

波普认为，科学的合理性并不在于它的为支持意见而诉诸经验证据的习惯即证实性，而唯独在于它的批评方法即可检验性或证伪性。波普坚持，可检验性和证伪性才是科学和迷信、科学与形而上学的分野。进而，波普提出“逼真性”和“确认程度”的思想，来作为科学进步测试和理论所受检验的严峻性程度与它经受住这些检验的程度的一个测度。这样，一个理论或假说的可检验性或可证伪性愈高，它的可确认程度也就较高，其科学性也就较高。波普的见解无疑是深刻的，有重要作用的。但是，科学活动不仅仅是科学革命活动——知识增长活动，而且还包括科学常规活动——知识运用活动，此外，诸如占星学（类似于艺术）和原始科学也是可检验的，因此，波普的证伪性标准就一方面太窄，不能包括科学常规活动，一方面太宽（包括了占星学等），这样，证伪标准就需要补充和完善。

库恩认为，科学与非科学的划界标准诚然是可检验性。但是库恩强调的检验主要是针对解决疑难问题的，也就是说，库恩把科学分为常规科学与革命科学，并且由此把划界标准确定在常规科学与非科学知识之间。具体地说，库恩认为判定一个知识是否科学的标准，在于其是否解决了疑难问题，因而，由前科学方式发展到科学就是由批评议论方式转变到解决疑难方式。这样，库恩认为，在评价比较科学理论的优劣上，最有用的标准是：预测的准确性、解决问题的数量、解决问题的种类和范围等。总之，在解决疑难问题上功能较好的科学理论就是较好的科学理论。但是，仅用解决疑难问题与否作分界标准，会使界限划得太窄，因为解决问题与否还有很多其他的约束条件，而不仅是理论本身单独发生作用的结果。

拉卡托斯吸收了库恩的常规科学的观念，抛弃了波普的朴素证伪主义，形成了精致的证伪主义，提出用接受规则来作为科学性的判定条件。拉卡托斯认为，只有当一个理论把它的超过先行者（竞争者）的多余经验加以确证，即只有它导致新事实的发现，它才是“可接受的”或“科学的”，这个条件分为两个条款：新理论有多余的经验内容（可接受性）和这个多余的内容及其一部分得到证实（可接受性）。但是，拉卡托斯是从两个理论的比较上来讨论理论的科学性的。他认为，A 理论被证伪的充分必要条件是：取代它的 B 理论有超过 A 的多余经验内容——B 预测到新的事实；B 说明 A 以前的成功，就是说，A 的所有未受到反驳的内容都包含在 B 的内容中，B 的有些多余内容得到确证。因此，这样的评价标准既不能用于孤立的理论，也不能用于两个理论的经验内容不可比较的情况。同时，由于存在“库恩损失”（科学革命中，新理论说明的内容，往往比已被接受的旧理论小，即称“库恩损失”），拉卡托斯的评价标准的应用也受到限制。

法伊尔阿本德反对传统的检验理论的基础：一致性条件（理论所达到的与事实间的一致性程度是评价理论的标准）和自主性原则（事实是独立于所选择的理论之外的）。他认为没有科学家会遵守“一致性”要求，科学史上几乎没有任何理论同事实是一致的；认为不仅每个单独事实的描述都要依赖于某一理论，而且除非借助于同该理论相关的其他可供选择的理论，有些事实便不可能发现。他指出，检验的单位不是一个单个的理论，而应是在整体上有部分重合，并在经验上有根据，但又互不相容的理论。因此，检验是理论和理论比较，而不是理论和“事实”比较。比较的内容则是观点是否增多——“增多原则”就是评价标准。因为在他看来，知识是由观点的增多，而不是由一个观点的坚决应用所得到的。此外，他还强调对科学理论进行评价的背景理论更替的重要性和为保护新生的弱小的理论，以非理性的评价取代常规评价的重要性。

夏皮尔认为，科学中没有任何东西是内在神圣不可侵犯的，因此随着科学知识的发展，对自然进行思考的规则也会变化，因而判定和评价理论科学性的标准具有“可变性”。但是，不同时期的各类标准之间仍存在合理演化的轨迹。

五

前述的近现代科学哲学的观点和讨论，对于我们今天建立经济哲学科学论的启示又何在呢？

笔者认为，我们可以通过把上述科学哲学的讨论与经济科学的具体特性结合起来，建立经济哲学科学论。下面是对此所做的一点思考。

首先，经济哲学科学论的对象问题。笔者认为，科学论的研究对象与科学哲学一样，是知识，是经济知识，是经济知识的构成成分和各成分之间的逻辑关系。换言之，就是研究知识的形式或形式化因素。这里需要强调的是知识的形式与知识功能和用处的关系。笔者认为，知识的形式与知识的功能或用处之间的关系是：知识的形式对于知识的用处大小、功能强弱或有无来说是必要条件，而不是充分必要条件，也就是说，具有某种功能或用处的知识，其形式一定具备某些形式化因素；但具备同样形式化因素的另一些知识，则可能没有用处，或目前没有用处。这是因为知识的用处或功能的有无及大小，不仅受形式化因素的制约，而且还受其他因素的制约。但是，如果不以形式化因素，而以其他的角度来研究知识，我们就很难对知识作出一般的描述和概括。可是，值得指出，研究知识的形式，并不是为形式而形式，而是仍要结合知识的用处和功能来确定与此相关的一般形式。

那么，经济知识的一般形式究竟是什么？笔者以为广义的经济知识的形式是指经济思潮、经济思想、经济理论、经济学原理四个部分；狭义的经济知识是指经济理论，其结构是服务于所要解决的问题的。由于经济知识的任务是解决认识问题、解决价值评判问题和解决现实经济问题。因而经济理论的形式结构就有三类：①解决“是什么”这类认识问题的经济理论的形式结构就由可观察变量、可理解变量和（“值得去知道”的）可评价变量组成。②解决“应该是什么”这类价值评判问题的经济理论的形式结构仍然由可观察变量、可理解变量和（“值得去评价”的）可评价变量组成。③解决在现实经济状况与价值目标不符时，人们应做什么和如何做的现实经济问题的经济理论的形式结构上，则是由可评价变量、可观察变量、可理解变量和可控制变量组成（详细论证见另文）。从这个意义上讲，经济理论知识科学与否的第一个划界标准就是经济理论结构的完整性，即按照其自身给定的解决问题的种类的需要，其结构是否完整。换言之，经济理论能否完成自己的任务，首先看其是否在形式上表现出某种结构。同样，从形式和内容的关系上看，内容（功能）决定形式，形式则可以成为观察内容或功能的“镜子”——多样性的内容或功能可从单一性的形式中表现出来。

其次，在经济理论使用什么逻辑方法才使自身成为科学的问题上，根据科学哲学的启示，任何只偏重归纳逻辑或演绎逻辑的理论知识，都存在不可克服的困难。笔者认为，归纳法处理的是经验事实之间的相关关系，演绎法处理的是对用归纳法所得到的经验事实的相关关系的证明或说明其必然性。

按通俗的说法，前者可称为“知其然”的方法，后者可称为“知其所以然”的方法。因此，只有把这两者紧密有机地结合起来，才可能保证经济理论在逻辑上的完备性。也就是说，通过使用归纳法，建立符合经验事实的关系模型，然后，给定一个或几个假设的前提，根据演绎法的要求，推导出一个理论模型；这个理论模型的推理部分必须与经验事实的关系模型高度一致。由此，笔者认为，经济理论科学性的第二个划界标准，就是经济理论同时使用了归纳法、演绎法和假说演绎法，并且使这三种方法的应用高度结合在一起，从而在逻辑上达到完备。

第三，从科学哲学中关于“可检验性”、“可确认性”、“证实”、“证伪”对于理论科学与否的判定的启示看，经济理论科学性的第三个判定条件就应是经济理论具有“可证认性”。“可证认性”首先是指卡尔纳普讲的“可检验性”和“可确认性”，即理论的观察陈述、关系陈述和结论都必须是清晰的、确定的，从而是可检验或可确认的。一切似是而非、不确定的陈述和结论，使人们既无法说其正确，也无法说其错误，因而也就谈不上是科学的。其次是指逻辑经验主义的“证实”标准，即理论的观察陈述与理论的陈述及假说之间相一致的程度或概率。理论是要解决问题的，理论讨论或预测与实际过程的结果一样，当然就表明其认识的正确性和真理性。最后，“可证认性”是指波普主义的“证伪”标准，即一个可检验的理论陈述和结论被观察到的经验事实所证伪了，则这个理论陈述和结论以及理论本身就是科学的。在这里，笔者认为，科学活动内在地具备着怀疑、不满精神，存在着由此而生的内在纠错机制和逼近真理的认识发展机制。因此，证实固然表明理论的正确性，证伪也表示理论仍属于科学活动过程中的一个阶段性成果。笔者认为把“可检验性”、“可确认性”、“证实”和“证伪”等标准结合在一起，并不存在矛盾，则刚好以互补的形式结合在一起，形成一个更完整的判定条件。因为，缺乏可检验性就无所谓证实和证伪了，仅有证实则会使某些并不是科学的陈述或预言成为科学，而仅有证伪不能把科学的常规活动包括进去，且还会把某些非科学的内容囊括进科学之中，所以只有在同一个理论既能证实，又能证伪时，这个理论才具有可证认性——才具有科学性。

第四，库恩的结论——知识科学与否的标准是否解决疑难问题——对于建立经济理论的科学性判定条件也是有重要启示的。显而易见，既然经济理论是为解决问题而产生、形成和演化的，能否解决问题当然就成为一个理论科学性的有无以及大小的测试了。笔者认为，一个理论首先在于它自身是否明确地确定或限定了所要解决问题的种类、范围等，这就是理论的定题性。一个根本不知道自身所讨论的问题是什么的经济理论，是谈不上科学性的。其次，由于问题的种类分成认识问题、价值评判的确定问题（实际上也为一类认识问题）和现实经济问题，那么，在功能上：①具备解决认识问题和价值评判确定问题的可能——解释经济现象及其相互关系，并证明这种相互关系的必然性。②解释确定某个观点为自身价值评判的理由的理论。③在功能上具备解决现实经济问题的可能——按照对经济现象的解释和证明，并按照价值评判要求，对经济现象进行调整和控制——的理论就是科学的理论，也就是说，具有定题性，并在功能上具有“释题性”和“解题性”（并不是在最终结果上）的经济理论就是科学的经济理论。

由上所述，我们可以从科学哲学的启示中，得到关于经济理论的形式（逻辑）结构的要求和经济理论科学性的判定条件。从而为建立经济哲学科学论提供一点基础。

1984 年 3 月初稿

卡莱斯基和凯恩斯理论的结构和理论的科学性

雷晓明

在宏观经济理论的发展史上，卡莱斯基和凯恩斯的理论有着不可磨灭的影响。尤其是当代宏观经济理论，无论是从正面还是从反面，都从他们的理论中汲取启示和教益。因此，剖析他们的理论的结构和判定他们的理论的科学性，对于我们学习前人的理论，了解同时代的人的理论和创造自己的理论有很重要的作用。

本文对他们的理论作一个结构分析和科学性判定，以求教于学术界。

本文使用的模型、方法和判定条件已由另文介绍，本文不论证。

一

卡莱斯基在思考和研究国民收入决定和经济周期问题时，是以其价值判断——“消除失业”、“使再生产顺利进行”、“消除人民生活水平恶化的趋势”、“改进劳动人民的生活状况”为可评价变量的。

在可评价变量确定的基础上，卡莱斯基设置了一组可观察变量，由此观察资本主义经济活动和经济周期。卡莱斯基设置的可观察变量有：总利润（折旧、未分配利润、红利、非公司企业的提款、地租和利息）、工资和薪金、总投资（净投资和重置投资）及其变化量、资本家消费、工人消费、储蓄、投资决定及其时间、投资实施及其时间、有效需求、存货量及其变化量、生产能力和利用度、失业率、生产、供给、国民收入、国民生产总值、税收、政府支出、资本存量、投资利润率等。卡莱斯基在观察中发现，他的价值判断所期望的目标远远没有实现，资本主义经济的现实是大量和普遍地存在失业与生产能力利用程度低。失业和生产能力利用程度低的原因是什么呢？卡莱斯基经过研究，把所获得的观察资料加以排列组合，构造了一个因果关系式——经验型可理解变量模型：

工人生活恶化源于工人大量和普遍失业与收入下降；工人失业与收入下降源于生产能力利用不足；生产能力利用不足源于产品卖不出去；产品卖不出去是因为社会有效需求不足；社会有效需求由三部分组成：工人消费、资本家消费和投资（净投资和重置投资）；工人储蓄太少，可略去不计，资本家的收入中用于消费之外的部分就是储蓄；由于失业存在和就业竞争，工人收入下降，工人消费部分也减少；由于资本设备存量增加，资本家资本的利润率下降，资本家的投资小于储蓄；因而由于工人消费下降和资本家的投资减少，社会有效需求不足；资本家投资小于储蓄的进一步原因是，上一轮投资决定造成有效需求，使经济受到需求刺激而增长，但投资实施又形成新的生产能力和供给，新的生产能力表示资本存量增加；资本存量增加使利润率下降；从而下一轮投资决定下降；投资的增减就使得有效需求增减，从而形成经济周期波动。由此就得到经验型可理解变量的关系或模型：

工人生活恶化←工人失业和收入下降←生产能力利用不足←产品滞销←社会有效需求不足←投资不足←小于储蓄←利润率降低←资本存量增多←上一轮投资实施←上一轮投资决定←利润率多←社会有效需求高←投资高……

可是，资本主义经济为什么会存在这种关系呢？卡莱斯基构造了一个逻辑型可理解变量模型对此进行解释和证明：

卡莱斯基假定资本主义经济分成三个部门：生产资料部门、生产资本家消费品部门和生产工人消费品部门。假定资本主义经济是一个封闭体系——外贸处于平衡状态；假定政府收支两抵，可以略去不计；假定工人收入全部用于消费，没有储蓄；假定资本家追求利润最大化，由此他给出三个公式：

国民生产总值 = 总利润 + 工资 + 薪金 ……………………… (1)

国民生产总值 = 总投资 + 资本家消费 + 工人消费 ………… (2)

由此得到

总利润 = 总投资 + 资本家消费 ……………………………… (3)

也就是说，如果工人的消费买完第三部门的全部产品，资本家的消费买完第二部分的全部产品，资本家的消费之余所剩的收入——储蓄——买完第一部门的全部产品，则社会的总需求等于总供给。因而，由于工人没有储蓄，全部收入用于消费，则资本家的消费和投资能否买完第一、二部门的产品就成了决定国民收入的关键。但是，对于资本家来说，追求的是利润，因而资本家为了追求高利润就会增加投资；投资水平提高，对生产资料产品的需求将增大，由此使得生产生产资料部门的产品增加，就业也增加，结果国民收入增加，资本家总利润增加，工人工资总额增加，实现经济增长。但是，卡莱斯基认为，投资是双刃剑，即如果投资超过重置固定资本的需要，资本设备存量会增加，因而设备利用程度会降低，利润率会随之下降；由此使得投资下降，对生产资料和消费资料的产品需求相继下降；结果就是国民收入水平下降，就业水平下降，失业增加，总利润下降，工人收入总额下降，经济进入萧条，直到国民收入达到储蓄和投资重新相等，经济才停止下降。也就是说，“工人付出他们所得到的，资本家得到他们所花的”；国民收入水平取决于资本家的消费和投资；经济周期波动的原因就是资本家用利润来投资而引起的投资量的变化；资本主义经济由于资本家的利己行为不可能保持充分就业和稳定增长。这样，可得逻辑型可理解变量的推理模型：

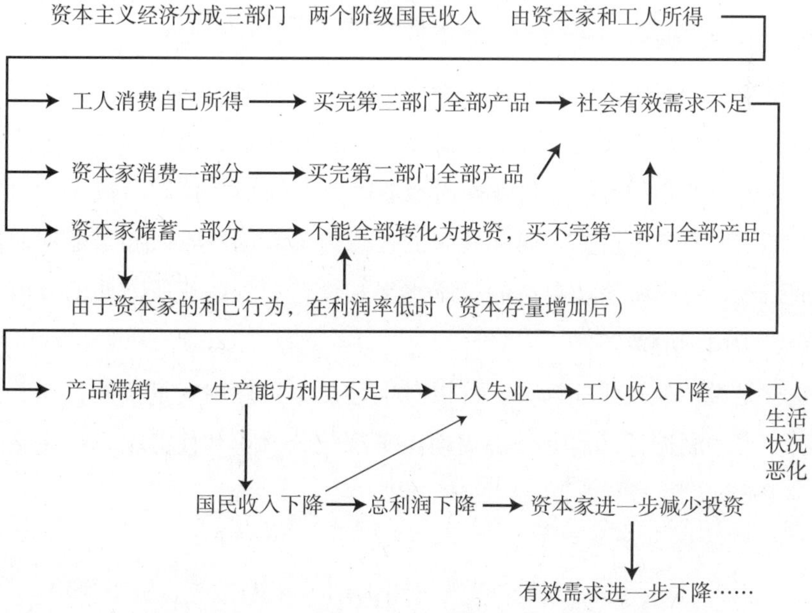

在观察和解释的基础上，卡莱斯基进一步分析和寻找解决这种问题的可控制变量等。

既然在前述封闭系统中资本主义经济不能自动消除周期波动和危机，卡莱斯基就寻找在上述系统外的控制办法。

卡莱斯基把国际收支和政府收支状况引进分析，就得到一个公式：

国民生产总值＝完税后总利润＋完税后工资和薪金＋税收（直接和间接）＋进口额 …………………………………………… (4)

国民生产总值＝总投资＋出口额＋政府对商品和劳务的购买支出＋资本家消费＋工人消费＋转移支付 …………………… (5)

上述两个公式中，如果外贸和政府收支仍相等，且工人无储蓄，仍可得公式（3）。但公式（3）中的“总投资＋资本家消费”经常小于“总利润”，所以，要使公式（3）的两端相等，必须设法从外贸和政府收支的差额上想办法。因此，卡莱斯基根据公式（5）给出公式（6）。

总利润＝总投资＋资本家消费＋出口盈余＋预算赤字 ……（6）

基于上述分析，卡莱斯基认为政府对三个控制变量实施控制，就可以把控制目标——就业、再生产、经济周期，控制在预期目的——消除失业、消除经济周期波动和使再生产顺利进行之内。这三个控制变量是：①政府财政预算收支；②影响私人投资；③政府调节收入再分配。控制方式是国家直接干预经济生活。控制方向是在出现萧条时：①使政府增加支出；②使私人投资增加；③使收入均等化。控制措施是：①预算赤字支出；②政策刺激私人投资；③通过税收和转移支付使两阶级收入差距缩小（控制参数无）。但是，卡莱斯基反对不考虑投资方向和效果的任意为提高国民收入和增加就业的扩军备战措施，主张将超过有益的投资水平和保持充分就业所需要的政府支出的剩余必须用于消费。

也就是说，卡莱斯基认为，可以对上述几个可控制变量实施控制，以达到使再生产顺利进行，消除经济周期，实现充分就业和使劳动人民生活状况好转。

二

凯恩斯在思考和研究解决失业及国民收入稳定增长问题时，是以其价值判断——社会应保证充分就业、扩大经济增长、消除危机、实现收入分配的平等——为可评价变量的。

在确定了可评价变量的基础上，凯恩斯设置了一组可观察变量，来观察资本主义经济活动和周期。凯恩斯设置的可观察变量有：劳动者失业水平，非自愿失业水平，资本家在现行价格下愿意雇佣工人的人数，资本家已雇工人数、生产产品量、存货水平、待售商品量（总供给）和已售商品量（总需求即有效需求水平）及其两者的差额、消费倾向、储蓄倾向、边际消费和储蓄倾向、资本资产的预期收益、重置成本、资本边际效率、灵活偏好、利息率、货币供应量、交易动机、谨慎动机、投机动机、利息率下降状况、经济生活的不确定性、国民收入及其增量等。凯恩斯在观察中发现，资本主义经济现实中，他设置的可评价变量的预期远远没有实现，资本主义经济中普遍存在非自愿失业、国民收入一般低于社会能达到的水平、经济生活中存在危机和周期。这些现象的原因是什么呢？凯恩斯经过研究，把所获得的观察资料加以排列组合，构造了一个因果关系——经验型的可理解变量模型：

失业率高是由于存在非自愿失业，非自愿失业存在的原因是资本家愿雇但不敢雇用工人；资本家的行为的直接原因是产品滞销，存货水平超过预期；产品滞销的原因是社会的有效需求水平不足；有效需求不足就是投资需求和消费需求不足；消费需求不足是因为生产要素的供给者得到收入后，一部分用于消费，一部分用于储蓄，且边际消费倾向是下降的——收入增量中用于消费的比例低于原来的收入中用于消费的比例；投资需求不足则是由于资本家认为，资本边际效率与利息率的差额减小或消失，投资不合算，因而减少了投资，资本边际效率与利息率之间的差额减小或消失的原因是资本边际效率下降和利息率上升；资本边际效率下降又是因为资本资产价格（重置成本）随投资增加而上升，资本资产的预期收益则随投资增加而下降、利息率上升是因为货币供应量刚性（黄金本位）和随国民收入增加，人们的灵活偏好增

《就业、利息和货币通论》的启示

——试析经济理论科学性的部分判定条件

雷晓明

凯恩斯的《就业、利息和货币通论》（以下简称《通论》）问世50年了。半个世纪来，《通论》在相当大的程度上影响着世界的历史进程和人民的生活，《通论》还在更深刻的意义上影响着几代人的思想，制约着几十年来几乎所有经济学家的学术生活。也许，凯恩斯不能同哥白尼、达尔文、爱因斯坦或马克思相比，但当今世界上的大多数人，无论他们知道或不知道凯恩斯和《通论》，他们的生活都直接或间接地受到《通论》的核心思想——国家干预经济生活的种种措施的影响；同样，当今世界上的多数经济学家，不管对《通论》是赞成或是反对，他们都不得不从不同侧面与《通论》打交道。

20世纪40年代以来，各国政府推行《通论》提出的政策措施，曾得到极大好处。在60年代后期，却尝到了意想不到的恶果——经济滞胀，人们开始对《通论》的基本思想表示了怀疑。各国学者已开始调整自己的学术观点，各国政府也相继采用非凯恩斯学派的政策措施，似乎非凯恩斯时代已经开始了。

当前，我国的四化建设却在宏观控制上，出现了一些意想不到的事情，这又需要我们系统地重新考虑我们的决策系统同决策前提，并深入研究西方宏观经济学理论。为此，就须了解宏观经济学的创始人——凯恩斯及其《通论》，以期从中获得一些启示。当然，从这样一位思想家、经济学理论家的代表作中可获得的启示是仁者见仁，智者见智，本文只探讨其中的一点：经济理论科学性的判定条件。

为了讨论的需要，本文使用了一些新的方法和新的范畴。笔者不敢自以为是，只想抛砖引玉，求教于学术界。

一

我们把控制论中的“黑箱”理论和相对孤立系统等作为分析方法，从一个新的角度对《通论》进行剖析，了解它对于我国四化建设的启迪。

我们拟把社会经济活动过程或经济行为（包括人与自然的交往），作为一个内部构造十分复杂，其内在运行机制有待探索的大“黑箱”，这个“黑箱”无法打开。人们只能看到这个“黑箱”在自动运转中，不断地输出物质、能量和信息，又不断地将这些物质、能量和信息作为反馈再输入“黑箱”，这是一个无限循环过程，经济学家就是研究这个“黑箱”的内部构造和运行机制的。由于“黑箱”不能打开，经济学家就只能从观察“黑箱”的输入输出着手，寻找输入和输出的某些对应关系。为了阐明这种关系，就得提出概念，建立模型，去模拟“黑箱”的内部构造和运行机制。在观察和构造模型的基础上，确定某些方法、措施，建议人们通过使用这些方法、措施，去影响某些输入，从而使输出更符合人们的要求和期望。期望是由人们选定的，由思想家或经济学家归纳、概括出来的社会经济活动的目标。

根据这种假设，经济学家所做的工作就分成四个部分，因而经济学理论也就分成四个部分。我们用四个新的范畴来概括它们。

可观察变量：是经济学家确定用来作为观察经济活动过程或经济行为及其成果，即经济活动“黑箱”的输入输出的关系的指标、规划、范畴、理论。包括：价格、总成本、边际成本、平均收益、利润率、利息率、总供给、总需求、国民收入、总就业、非自愿失业等。

可理解变量：是经济学家确定、归纳或创立用来帮助人们理解经济活动过程或经济行为及其成果的各种现象，即模拟经济活动“黑箱”的输入输出间的内在联系的模型、范畴与理论体系。包括：劳动创造价值的理论，均衡价格理论，边际效用理论，社会总资本再生产理论，MV = PY 等。

可控制变量：在可观察变量和可理解变量的基础上，是经济学家确定用来作为控制经济活动或经济行为及其成果，即调整、修改经济活动“黑箱”

的输入，以引起输出变化的方法、手段措施、范畴和理论等。包括：需求管理、财政政策、货币政策、供给管理、税种和税率的设置与确定、公开市场业务、成本管理、价格管理等。

可评价变量：是经济学家根据社会乃至个人的信仰、观念、规范、准则、欲求、期望等，规定用来评价社会或个体的经济活动过程或经济行为及其成果，即经济活动“黑箱”的输出的好坏、是非、善恶的标准、概念、范畴、指标、理论等。包括：收入均等、效率、公平、机会均等，福利、资源配置最优化、保证充分就业、增大经济增长、消除危机、消除“滞胀”等。

这四类变量之间的关系大致如下：可观察变量为可理解变量的建立提出资料，又受到可理解变量的制约；可理解变量由经验归纳和逻辑推导而产生，并受可观察变量提供的信息证实和证伪的约束；可观察变量和可理解变量为可控制变量的确定准备条件，可控制变量的实施，又可证实和否定可观察变量、可理解变量和自身的有效性。可评价变量为可观察变量、可理解变量和可控制变量的设立，提供显现的和潜在的前提，并从某个方面制约着可观察变量、可理解变量和可控制变量的存在与变化。

这四组变量的划分，是基于相对孤立系统思想的要求。因此，这些变量系统互相可以重合。

二

现在，我们来看看《通论》是否包括前述四个方面的内容，以及它们互相间的联系。

在《通论》中，凯恩斯首先确定了一组可观察变量，并把它作为自己分析问题的起点。这些可观察变量，有的是前人已用过的，但被赋予了不同的意义；有的则是凯恩斯自己设立的，通过这些可观察变量，诸如：劳动者失业水平、社会能接受的失业水平、非自愿失业水平、资本家在现行价格下愿意雇用工人的人数、资本家已雇用工人的人数、生产的产品量、存货水平、待售商品量与已售商品量（有效需求的水平）之间的差额、消费倾向、储蓄倾向、边际消费倾向、边际储蓄倾向、资本资产的预期收益、重置成本、资本的边际效率、灵活偏好、利息率、货币供应量、交易动机、谨慎动机、投机动机、国民收入、总供给、总需求、经济生活的不确定性、利息率下降黏性以及后面还将提到的一些概念、范畴等。

凯恩斯对资本主义经济这个大"黑箱"进行着观察，他发现各个输入输出变量的关系是：失业率高是由于存在非自愿失业，其原因是资本家愿雇但又不敢雇用工人，资本家这种行为的起因是产品滞销，产品滞销则是社会的有效需求水平不足所致。由此，凯恩斯发现，失业率高是由于有效需求不足。

什么原因使有效需求不足，从而使总需求小于总供给呢？凯恩斯发现，它与消费倾向、储蓄倾向、边际消费倾向、资本边际效率、利息率、灵活偏好、货币供应量等有关。于是，凯恩斯着手建立可理解变量系统来模拟经济活动"黑箱"中的结构，并解释其运行机制。

三

在凯恩斯构造的模型（即可理解变量组成的系统）中，对有效需求长期不足的原因是这样解释的：有效需求不足是由消费不足和投资不足所致。消费不足和投资不足，则是由于消费者和投资者的行为，在经济生活不确定的情况下，受到人的心理规律的影响所致。

他提出了两点：①消费者的行为受到了边际消费倾向递减这个心理规律的制约，人们不会将自己的全部收入统统用于消费，也不会使自己的消费随收入的增长而同比例增长（即消费的绝对数增长，但相对比例下降），因而出现消费不足。②投资者的行为受到资本边际效率这个心理规律的约束。所谓资本边际效率，他是指资本资产未来收益的预期水平，即资本家将一笔投资作为重置成本，与预期这笔投资在未来能得到的收益（进行贴现后）进行比较的结果。

因此，他认为，由于经济生活的不确定性，存在风险，资本家在投资增加后，会逐渐降低自己对未来收益的预期水平，从而较早地停止了投资。不仅如此，他还提出，投资行为的另一个约束条件是利息率的高低。他指出，投资者决定投资与否，是以资本边际效率同利息率之间的差额的大小为前提。

可是，在货币经济条件下（即充满不确定性的条件下），利息是人们放弃财产的灵活性的报酬，利息率则是由灵活偏好与货币供应量这两者来决定的。这样在讨论灵活偏好——持有货币的三个动机的基础上，凯恩斯认为，尽管可以通过增加货币供应量来使利息水平降低，但由于人的心理规律——保持一定程度的财产的灵活性的缘故，利息率的大幅度快速下降是一件十分困难的事。更主要的是，利息率的下降不仅具有黏性，而且存在极限。由此，凯恩斯得出结论：在资本的边际效率递减和利息率下降黏性并存的情况下，两者之间的差额会缩小，从而失去了刺激。在储蓄还未全部转化为投资之前，投资者就停止了投资，造成了投资不足。

通过这一组可理解变量（边际消费倾向递减、资本边际效率递减、灵活偏好、利息率黏性和经济生活的不确定性）构造的模型，凯恩斯模拟了经济活动“黑箱”的内部构造和运行机制，解释了有效需求不足的原因。由此，凯恩斯给出了政府如何去调整、改变输入（增加投资），影响输出（增加有效需求水平、实现充分就业）的一组方法和措施——可控制变量。

四

根据可观察变量系统和可理解变量系统提供的信息和结论。凯恩斯提出，要对现实经济（即以 30 年代的经济生活为代表的资本主义经济过程）进行调整和变革，提高社会的有效需求水平和保证充分就业，政府应干预经济生活，并从财政政策、货币政策和对外经济关系等方面实施控制。为此，凯恩斯确立了一组可控制变量，诸如：膨胀性财政政策、扩大政府支出、赤字财政、累进所得税、转移支付（负税）、公共工程、半通货膨胀、公开市场业务、调整中央银行再贴现率、调整银行存款准备金比例、货币供应量、资本输出、保护贸易和贸易顺差等，作为政府控制、干预经济生活的方法和手段。

如何运用上述可控制变量对经济生活进行控制呢？凯恩斯指出：①用累进所得税和负税等方法，实行收入再分配，即将一部分人的高收入转给收入低的人们，以提高消费水平，解决消费不足的问题。②用公开市场业务、贴现率和存款准备金比例的调整、增加货币供应量等方法来降低利息率，以促进投资。③用降低利息率来刺激投资的方法，其效果毕竟有限，最好实行财政赤字和扩大财政支出的膨胀性财政政策，增加政府投资，并在乘数效应的作用下，刺激和带动私人投资，提高投资需求。④实行温和的半通货膨胀政策和减税，刺激消费与投资。⑤输出资本和实行保护贸易，争取对外贸易顺差，以增加国内的有效需求。⑥政府倡导全体居民实行高消费，以增加有效需求。⑦以增加有效需求为目的控制过程，必须与观察过程紧密配合。因为在实现充分就业之前，增加有效需求，不会带来副作用；但在实现充分就业后，再增加消费和投资需求，就只能使物价上涨。⑧上述可控制变量的使用都是双向的：在有效需求不足时，可以通过上述对可控制变量的运用，来增加有效需求水平；在有效需求过剩时，也可以通过对上述可控制变量的反向运用，来减少有效需求水平。

凯恩斯确定的这些可控制变量被进一步完善后，形成了更细致、周密、连贯的凯恩斯主义的可控制变量系统，各国政府正是用它来控制经济生活，才取得了经济二十多年的繁荣。

五

凯恩斯在设置可观察变量，建立可理解变量，确定可控制变量的同时或之前，已根据社会的各种通行的规范，确立了自己对经济活动过程或经济行为的期望，规定了一组可评价变量，如：实行国家干预经济生活、保证充分就业、消灭非自愿失业、扩大经济增长、消除经济危机、实现收入分配的平等、减少食利者阶级的影响、实现经济的高效率、保护和支持个人的首创精神等，来作为社会经济生活的目标。这些可评价变量，成为凯恩斯设置可观察变量的出发点，构造可理解变量的前提和目的，确定和运用可控制变量的归宿。

这些可评价变量，即凯恩斯进行理论创造的前提和支点，又是检验自己的理论和政策建议在实践中的有效性的标准。由于这些可评价变量确实在相当大的程度上，代表和反映了20世纪30至60年代的资本主义国家中各阶层和阶级的人们的某些共同的利益。所以，《通论》的理论和建议才得到迅速传播、推广、接受和付诸实践。

众所周知，《通论》的理论被用于实践后，在一定程度上，解决了当时资本主义社会的社会问题，缓和了基本矛盾，从而使资本主义各国实现了二十多年的繁荣。从这个意义上讲，凯恩斯影响了人类历史的进程是一点不为过的。也就是说，实践的结果证实了《通论》的理论。

但是，近二十年来，资本主义各国在长期推行凯恩斯主义的经济政策后，出现了“滞胀”，这是一个新问题。这时，人们无论怎样使用凯恩斯确定的可控制变量去控制经济生活，解决“滞胀”难题，其效果都不大。由此而言，实践的结果证伪了《通论》的理论。

《通论》的证实，说明《通论》的理论是可以解决在总量水平存在资源闲置时——存在非自愿失业时的经济问题的。《通论》的证伪，则说明《通论》的理论不能解决资源不足和资源闲置同时并存——“滞胀”的经济问题的。这说明《通论》只能解决某类问题，而不能解决所有经济问题，由此看来，《通论》并不是“通论”。

六

从《通论》的理论构造和历史命运中，我们可获得有关经济理论科学性的判定条件方面的启示。

判定经济理论科学性的条件之一，在于一个经济理论是否开拓或重新组合了一批可观察变量、可理解变量、可控制变量、可评价变量；是否能使人们从新的角度上对经济活动过程或经济行为及其成果，给予观察、理解、评价和控制。例如：《通论》就开拓和重新组合了“非自愿失业”、“边际消费倾向递减”、“膨胀性财政政策”、“保证充分就业”等一些新变量。

经济理论科学性的判定条件之二，是经济理论本身是否具备清晰性。即，它的可观察变量系统是否告诉人们观察什么，如何观察，从而使人们可以在自己的观察中重证或否定理论提出者关于这些可观察变量及其关系的陈述。又如，它的可理解变量系统，不仅要符合逻辑，而且要具备可观察性，使人们既能在逻辑上论证它的可信性，也能从观察中证实和证伪它。又如，它的可控制变量系统，必须明确告诉人们做什么，如何做，而且必须阐明其中的各类变量的功能，找出哪些变量是双向可控等，使人们能够在实践中证实或证伪它们。再如，它的可评价变量系统，必须具备可观察性和明确性——是什么时空中的哪些人们和社会集团所期望的具体目标，使人们可以在观察中，用自己的期望值进行比较，作出是赞成或是反对它们的回答。总之，那些模棱两可或面面俱到，但没有提出确切的信息的理论，因为其既无法被证实，也无法被证伪，所以不是科学理论。

经济理论科学性的判定条件之三，是理论必须具备目的性和构造性。凯恩斯的《通论》，具有鲜明的目的性。它只讨论就业及与就业有关的利息、货币等问题而不讨论其他问题，同时《通论》具有完整的构造性，从人性、人的三个心理规律和经济生活的不确定性等独立变量着手，构造了一个以可理解变量为核心，以可观察变量为基础，以可控制变量为方法或手段，以可评价变量为出发点和归宿的理论结构。

经济理论科学性的判定条件之四，是其设置的可观察变量，提供信息的速度要快于客体（经济生活）的变化速度，以避免反馈过度，《通论》在这个问题上是存在差距的。因为在使用它所确立的可观察变量和可控制变量去观察和控制经济生活时，常常把事情做过了头。这形成了近年来的时髦问题——时滞（time lag）对经济理论的挑战。

也许人们会问，用理论是否提出新变量和重新组合了旧变量，理论是否具有清晰性、目的性、构造性和收集信息的速度快于客体变化的速度等，作为判定经济理论科学性的条件，其本身的理由何在。我们认为，这同科学与人的关系有关。科学史表明，科学产生于人对对象谋求控制权的过程中。那些人类当时无法控制，但又企图控制的事物及其运动过程，永远是科学研究的对象。正是在此基础上，科学获得了自身的存在理由。因此，为了区别已控制了的对象，理论首先要提出自己企图控制的对象；为了控制过去无法控制的事物及其运动过程，理论就必须提供新的观察、解释、评价和控制途径；人们为了确知自己在谋求控制权中的进展程度，理论就必须具有清晰度；为了使人们在观察、解释、评价和控制对象时彼此呼应，前后一致，不出现摩擦和内耗，理论就必须具有构造性；为了使控制有效，理论中的观察变量提供信息的速度一定要快于客体的变化速度。由此可知，运用上述条件作为判定经济理论科学性的规范，是源于人类在追求对自然、社会和人本身活动过程的控制中，对科学提出的要求。

注意，这里并没有交代和介绍所有的“判定条件”，而只是从分析《通论》所得到的启示中，归纳出了这四个判定条件。

讨论经济理论科学性的判定条件，对于我国四化建设的意义是显而易见的，至少它可以从三个方面促进我国的社会主义建设。

首先，我国近年来的现代化建设，在相当大的程度上，是改革经济体制，搞活经济、发展经济，由于我国长期存在着类似于自然经济的经济结构和经济生活，它在向有计划的商品经济的经济结构和经济生活转轨的过程中，引起了许多微观的、中观的和宏观的现实经济问题；同时，怎样组织、管理和控制好有计划的商品经济中的各种问题，做到“宏观管好，微观搞活”，是当代中国急需回答和解决的重大理论及实践问题。这就要求我们的理论工作者具有实事求是的科学态度。在提出任何理论和建议时，都能从实际出发，从能解决我们现在还不能控制、又必须控制的现实经济问题出发。为此，明确经济理论科学性的判定条件，就是要求人们在构建理论、提出建议时，不再说些似是而非，永远有理但不着边际的话，更不要说些连自己也不同意的意见，而是要提出针对性很强的具体意见，哪怕在实践中被证明是错误的。只有这样，才能使我国的经济问题逐渐得到系统的解决，加快经济发展的速度。

其次，我国的社会主义经济理论建设，从30年代算起，已有半个世纪左右的历史。我们回顾历史时，发现我们在研究现实经济的运行机制，从而管理好经济等方面所做的工作太少了。不仅如此，我们的经济理论，多数满足于照抄马克思的结论和照搬苏联的经验，这种状况，对于建立以研究中国的现实经济问题为宗旨的经济科学，是极为不利的。因此，我们应在反思的基础上，把马克思主义的原理同现代科学方法论结合起来，引入前人和西方经济学理论中的科学内容及科学要素，在实践中观察、检验和充实，建立科学的中国社会主义经济学理论体系。这要求理论工作者从一开始就按“判定条件”的要求来进行自己的工作。也许，这就是一条可行的路。

再者，相当多的从事自然科学的人们，都视包括经济理论在内的社会科学理论为前科学或非科学的理论。这种说法有失偏颇，但也从一个方面提醒了我们，必须思考什么是科学，其判定条件是什么。事实上，只要是科学理论，无论它们的研究对象在什么领域，它们之间必然有共同的性质，必然可以用同一标准对其进行观照和判定。希望对自然科学和社会科学各搞一套标准或判定条件，也无不可，但总使人感到不能心悦诚服。在这种情况下，尤其是在自然科学形成奔向社会科学的巨大历史潮流的冲击下，从事社会科学研究的人们主动从自然科学中逐步引入它的基础规范，建立可以与自然科学一致的科学性判定条件，不仅是听从历史召唤的结果，而且还是在时代的挑战面前作出的积极应战。就此而言，我们讨论“判定条件”问题本身，就是一方面力图在这个过程中，使经济理论的科学性得到人们毋庸置疑的认可，一方面加快社会主义精神文明的重要部分——社会科学科学性的建设。

1986 年 3 月 26 日初稿

科尔纳“短缺”经济理论的结构、功用和科学性研究

雷晓明

世界知名的匈牙利经济学家亚诺什·科尔纳在 1980 年发表了《短缺经济学》一书。该书“以现实社会主义经济中普遍长期存在的短缺现象为主线，企业行为分析为重点，从生产、交换、分配和消费各个方面剖析了现实存在的社会主义经济体制”。该书对社会主义经济关系体制和运行机制等所作的分析和概括，对于我们研究中国社会主义经济问题是有极大的启发的。因此，本文拟从研究程序、理论结构、理论功用和理论科学性的角度，对科尔纳的短缺经济理论作一个分析，从而为我国经济研究工作者提供一个方法论和科学论方面的“模板”。

本文使用的方法论和科学论的原则及内容另文介绍，本文只使用不论证。

一

科尔纳经过多年的观察、分析、研究，终于建立了短缺经济理论的基本框架。

科尔纳开拓了一大批观察变量，对社会主义经济生活进行观察。科尔纳开拓的可观察变量有几类。第一类可观察变量的第一个亚类有：购买初始意图能否实现、买者搜寻、买者排队、买者等待、买者强制替代、买者争取卖者的努力、行政配给等；第二个亚类有：企业对于投资、劳力、机器设备、原材料、土地等的调拨要求能否得到满足，以福利形式配给的消费品的满足状况等；第三个亚类有：企业中机器强制超负荷运转状况、投入品的强制替

代状况、投入和产出组合临时强制调整状况、“瓶颈”及其出现的频率等；第四个亚类有：社会生产出现的瓶颈环节及部门的多寡和频率、社会生产能力、资源、产品是否存在短缺和滞存等。

第二类可观察变量的第一个亚类有：买方送礼、走后门和低三下四，卖方盛气凌人、收贿，买卖双方的人际关系等；第二个亚类有：人们在作为买者时感到的不方便、紧张、恐惧、麻烦等；第三个亚类有：社会再生产过程中卖方独占状况、企业对技术改造的兴趣、企业对产量和改进质量的兴趣等；第四个亚类有：社会生产效率的变化、质量变化状况、社会生产成本状况、囤积倾向、囤积数量、囤积构成等；第五个亚类有：刺激投资的状况、投资紧张、投资领域中吸纳的产品和资源量、短缺的普遍性、延期投资、“瓶颈”出现的多寡和频率、救火投资等。

第三类可观察变量的第一个亚类有：投资饥渴——投资紧张、企业需求被满足情况、企业对上级部门的物资等的要求和吸纳，企业的数量冲动，企业的扩张冲动、企业的囤积冲动、企业的出口冲动等；第二个亚类有：消费饥渴——家庭或个人的需求被满足情况、家庭或个人对以福利方式分配的产品的需求被满足情况等。

第四类可观察变量的第一个亚类有：企业扩张的内在冲动，企业领导人的安全追求，企业领导人对自身重要性、职业威望、权力、名望、利益和特权等的追求；第二个亚类有：企业扩张的外部环境、企业的投资风险、企业对亏损和破产方面的态度、资源分配者的分配行为、计划外项目增加情况，过去投资的追加状况；第三个亚类有：企业增发工资的内在冲动、企业领导人对传统劳工运动的态度、企业领导人对自己在工人心目中的地位的希望、企业领导人对生产和消费的矛盾的态度、劳工短缺、工资紧张、物价上涨；第四个亚类有：企业增发工资的外部环境、企业因增加工资所增成本的转嫁可能等。

第五类可观察变量的第一个亚类有：信息传递系统的状况、种类和功能，官方定价的真实性，非价格信号的影响力，非价格信号的收集、整理、反馈；第二个亚类有：卖者的预测误差、卖者的生产安排与市场需求的适应度、买者所获信息的完全性、购买意图的摇晃性、卖者调节的延滞和刚性等；第三个亚类有：发展战略的均衡性、经济结构的扭曲度、计划的高指标与冒进、资源配给不留余地、领导人许诺的计划外项目、领导人行为的时期性；第四个亚类有：管理体制的垂直性、价格管理体制的僵化性、消费品的福利分配所占比重、货币和价格在经济中的作用、企业行为的预算约束等。

第六类可观察变量的第一个亚类有：价格对于企业来说是内生的或是外生的、企业对产品定价的影响力、税收对企业的影响、企业对税收的影响力、企业取得减免税的可能、征税的严格性、企业是否可得到国家的无偿拨款、企业的长期和短期亏损能否得到国家补贴、企业取得信贷的可能性、企业对投资利息率的反应、企业不能保证按期还款时得到贷款的可能性，企业对还款义务的处理和银行的处理、软条件的企业外部资金投资；第二个亚类有：企业的生存条件、企业增长的资金来源、企业对价格的适应、企业对风险的不确定的承担比率、企业对投入品的需求的满足状况等；第三个亚类有：企业和国家之间关系的父爱主义的程度、经济的货币化状况等。

二

科尔纳通过上述可观察变量对经济生活作了大量的观察后，对各个可观察变量的相互关系作了分析，建立了一个描述性的可理解变量组合（或称经验型的可理解变量模型）。科尔纳从社会生活中最常见、最普遍的现象——短缺现象着手来分析经济生活的输入输出变量的关系。

科尔纳发现：①社会经济中，作为买方的初始意图在较多的时候不能实现，不得不接受强制替代或长期等待和排队以及反复搜寻，同时买方不得不做大量的工作去争取卖方的好感，他把这些现象统称为平面性或横向短缺。②企业对于投资、劳动力、机器设备、原料、土地等的调拨要求经常不能得到充分满足，以福利形式分配的消费品更是得不到满足，他把这些现象统称为垂直性或纵向短缺。③企业中机器设备经常处于强制性的超负荷运转、投入品经常被强制替代、投入产出组合经常被临时强制调整、企业生产常常遇到“瓶颈”，他把这些现象统称为资源约束型短缺。④社会再生产领域中经常出现“瓶颈”环节和部门、资源及产品经常出现短缺，同时又有大量的资源和劳力滞存，他把这些现象统称为社会生产能力的短缺。

科尔纳发现，在把社会经济生活中存在的垂直性短缺、平面性短缺、资源约束型短缺、社会生产能力短缺，视为社会经济生活“黑箱”的输入时，会出现五类输出：①买方经常和大量地走卖方的后门，低三下四地求卖方，卖方则盛气凌人、收贿——社会主义条件下买卖双方的人际关系被破坏。②各种产品、物资和服务都缺乏，人们在经济生活中处于买方时普遍感到不方便、紧张、恐惧和麻烦——为购买东西不得不支付大量的非货币代价，损害了人们的生活福利。③社会经济生活中产品、劳务等供不应求，形成卖方独占，结果卖方在既无动力（产品都能销售）又无压力（无市场竞争）的情况下对生产技术改造和产品质量改造都不感兴趣，而只对产量感兴趣（生产多少都有人要）——缺乏技术革新的动力。④社会生产效率降低，质量下降、成本上升、囤积倾向增加、非生产性滞存增多，大量劳动者在职失业，大量盲目进口又被迫将国内可用资源出口，等等，造成社会生产效率降低。⑤短缺刺激投资，又造成投资紧张，投资紧张则使投资领域无限度地吸纳资源和产品，造成普遍性短缺，普遍性短缺使得某些部门或环节的投资不得不延期，延期的结果又导致“瓶颈”出现，“瓶颈”出现使得人们实施“救火”投资，“救火”式的投资使投资更加紧张——投资机制的恶性循环。

从整体上说，四种形式的短缺对五种类型的后果都有相关关系，但直接的因果关系链则表现为：①平面性短缺引起人际关系被破坏、人们的生活福利被损害、企业缺乏技术革新的动力、投资机制恶性循环。②垂直性短缺引起人们的生活福利被损害、社会生产效率降低。③资源约束型短缺引起技术革新无动力、社会生产效率降低和投资机制恶性循环。④社会生产能力短缺引起社会生产效率降低，投资机制恶化。

科尔纳又进一步分析造成短缺的原因即造成短缺输出的输入变量。他发现造成社会经济出现短缺的最直接原因是企业和事业单位的投资饥渴——投资紧张，企业几乎不可满足的对资源和产品的需求，企业的纵向和横向吸纳不可满足，企业具有强烈的数量冲动、扩张冲动、囤积冲动、出口冲动等，消费饥渴——家庭和个人的消费要求总量得不到满足，以福利形式分配的消费品更是得不到满足，也就是说，一方面由于企业对于投资和产品的需求很大，远远超过整个资源的限度，造成投资紧张，使得社会资源和产品的大部分被收入企业，造成生活消费品的短缺；一方面由于每个企业都具有数量冲动等，使其尽可能地吸纳、囤积资源和投入品，结果相当一部分企业得不到必要的互补性生产投入和生产能力的储备，而另一些企业又大量囤积自己并不需要，但社会又短缺的资源和投入品，造成投资的短缺；再者，由于各企业的扩张冲动和囤积倾向，使其尽可能地向上级要求拨给资源，使许多急需投资的部门和环节的投资被延期，形成社会生产能力的不配套和闲置，造成普遍性的短缺；第四，以福利形式分配的消费品和需求是没有止境的，造成这类消费品的长期短缺。

同时，科尔纳还发现，造成短缺的原因，除投资饥渴和消费饥渴之外，还有摩擦因素。科尔纳认为，摩擦因素也是形成短缺的重要的原因。科尔纳认为摩擦因素有：①卖者对需求预测的误差越大（加上生产性滞存越小），短缺强度就愈大。②买者购买意图的摇晃愈大（生产性滞存愈小），短缺强度就愈大。③买者对何处有自己需要的商品的信息不完全，短缺就越强或滞存就越大。④卖者为适应初始需求变化而作出的供给调节的滞后越大，刚性越强，短缺就越严重，滞存会更多。但是科尔纳指出，现实中不存在完全无摩擦地进行调节的体制，然而吸纳现象（投资饥渴）则属于某些体制的特殊现象。因此，在科尔纳看来，摩擦固然可以引起短缺，但它更多的是强化由吸纳机制所引起的短缺。

科尔纳还发现引起短缺的原因中制度因素占有很重要的位置。在制度因素中，又分为政策性因素和体制性因素两类。科尔纳认为引起短缺的政策性因素有：①以重工业发展为主的经济发展战略。②以加工业为主的经济结构设计。③计划的高指标与冒进。④资源分配时不留余地。⑤领导人轻易许愿上项目。⑥领导人急功近利，强调短期增长的短期化行为。但是科尔纳认为，这些政策性因素可以造成短期或偶然的短缺，而不会造成长期、普遍的短缺，因此，最主要的因素是体制因素。科尔纳发现引起从前普遍短缺的体制因素有：①集权型的垂直管理体制。②僵化的价格管理体制。③消费的福利分配方式。④货币和价格在经济中只起从属作用。⑤企业预算约束软化，不构成行为约束，其中软预算约束又起主要作用。但是，上述特征性因素又不完全是直接导致短缺的因素，而多半是其通过对企业行为的影响，进而造成投资饥渴和消费饥渴导致短缺的，也就是说，由于前述的体制因素和某些政策因素，使得社会主义经济中的企业行为出现变异。首先，企业行为多数受到企业领导人行为的影响，因此，由于企业领导人：①把自己与工作视为一体，且以保证企业的生存、生存下来和继续生存。②保证自己和下属工作顺利。③追求企业扩大、增长。④对现代化设备的偏好和炫耀。⑤争取下属的拥护。⑥国家对企业的考核指标和奖惩制度结合。⑦再加上企业的产品都能卖出去，使企业产生了必须增加产量的数量冲动、扩大规模的扩张冲动、为抵消生产中的强制替代的“瓶颈”等的囤积倾向冲动（以及为换回国外产品的出口冲动），从而形成了生产领域中几乎不可满足的需求和吸纳状态。科尔纳认为，“扩张冲动比数量冲动和囤积倾向更重要，因为它对经济体制运转的影响甚至更强大。正是扩张冲动才说明了不可满足的投资饥渴”。当然，他还同时指出企业领导人的上述行为一方面可以说成是“自然本能”，但一方面也可以说是在社会主义体制下追求安全、职业尊敬、权力、名望、物质报酬、特权和社会生活中的自身重要性的一种必然结果。可是科尔纳指出，仅有企业扩张的内在冲动，还并不必然导致投资饥渴和短缺，还必须存在允许企业扩张的外部环境。科尔纳指出，企业扩张的外部环境就是在预算约束软化情况下的企业不需担心因经营不好、亏损等而造成的破产，也不需担心投资风险。此外，还有从宏观范围看的，资源分配者在分配资源时，一方面不留余地，一方面是看提出投资建议的理由的充分性等，都刺激着认为自己所管辖的部门和企业最重要的领导人的投资饥渴。其次，企业领导人受劳工运动传统的影响和希望劳动者将自己看成是他们的代表，尤其是把生产与消费的矛盾视为是外在于企业的，再加上劳工短缺、工资紧张、物价上涨和企业预算的软化提供的行动自由性，产生了增发工资的内在冲动，导致了消费饥渴和短缺。不仅如此，他还指出，企业增发工资的外部环境即增加工资所导致的成本增加，可以以其他形式转嫁给国家和消费者，也刺激了消费饥渴和短缺。

由上所述，我们就可得到高度省略和抽象的，科尔纳的关于短缺经济问题的分析的描述性可理解变量组合。见下图所示的因果关系。

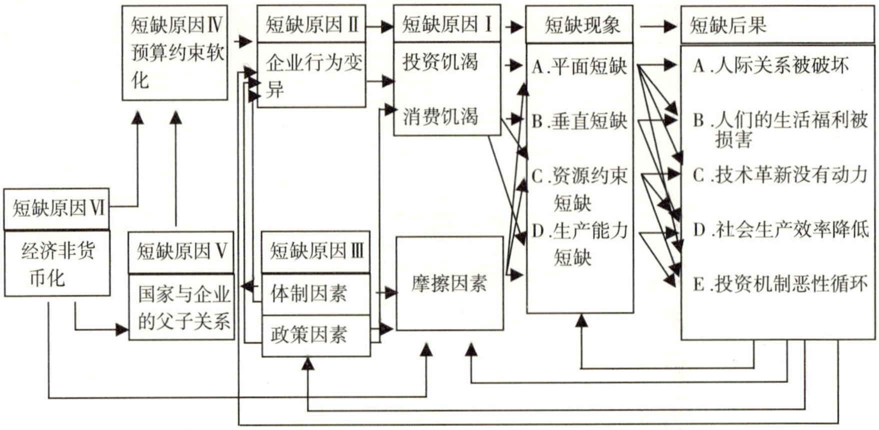

三

可是，又是什么原因导致企业预算约束软化，并导致整个社会的投资饥渴和消费饥渴，并使得社会经济出现长期、普遍的短缺现象呢？科尔纳给出了解释性的可理解变量组合（或称逻辑型可理解变量模型），对前述因果关系（经济活动“黑箱”的输入输出关系）进行了解释和证明，见前图。

科尔纳认为，由于社会主义经济是非货币化的经济，从而就使得国家与企业之间的关系成为父子关系，同时导致经济中固有的摩擦因素强化。科尔纳分析道，国家与企业之间的关系表现为五种父爱程度的关系：①实物给予——企业被动接受。②实物给予——企业主动表达愿望。③货币津贴——企业与国家讨价还价争取多得一些数量。④企业自主——国家帮助、支持。⑤企业自主——国家不管。科尔纳认为，社会主义经济中国家和企业之间的关系的父爱程度是体制的重要本质特征，而现实中最典型的“实物给予——企业主动表达愿望”，对计划讨价还价正是其表现。

科尔纳指出，正是由于国家和企业之间的关系是非货币化的，是父爱主义式的“实物给予——企业主动表达愿望”的关系，造成了企业预算约束软化，从而导致短缺。科尔纳具体地陈述了预算约束软化的内容和后果。他指出，预算约束软化的内容是：①价格对于企业来说，多数是外生的，企业是价格的制定者或至少是影响者，而不是接受者。②税收对于企业来说，多数是软的，即企业可以影响税收条例的制定、企业能够得到单独优惠——税收的减免和缓征，赋税的征收并不严格。③国家对企业的拨款是无偿的，企业没有偿还拨款的义务，且还可以得到长期性的和临时性的补贴以弥补长期或偶然亏损。④信贷制度是软的，企业在不能保证其具有的销售收入如期归还贷款的能力时，也能得到贷款，也允许企业不履行在信贷协议中写明的偿还义务，同时，作为投入品购买者的企业，被允许在事先未和卖者谈妥的情况下任意推迟付款。⑤软条件的外部资金投资。由于上述事实在社会主义经济制度中保证其存在，从而其直接后果就表现为：①企业的生存并不仅仅取决于销售收入是否总能补偿它购买投入品的成本，即可以用税收减免、国家补贴、软货款等抵消亏损。②企业的技术进步和扩展，并不仅仅依赖于它是否能从内部资金积累中为投资筹措到的资金，而可以由国家无偿拨款和软信贷来提供。③企业在任何情况下都无须去适应价格，因为除了上述两种后果外，企业还可以调整自己的产品价格弥补成本的增加。④企业不单独承担经营不确定性的风险，而是与国家分摊，或转嫁给消费者、贷款者。⑤企业对于投入品的需求几乎是不可满足的。上述预算约束软化的后果表明它对于企业来说不能成为有效的行为约束，从而造成企业行为在投入品、投资和消费方面的数量冲动、扩张冲动、囤积冲动、出口冲动和需求吸纳，从而引起社会经济生活的短缺现象，引起投资机制的恶化和社会主义经济的矛盾：延期投资与救火投资、在职失业和缺乏劳动力、价格陷阱和价格稳定。

四

通过观察、分析和证明之后，科尔纳认为解决社会主义经济中的短缺问题，要从制度上着手才有可能。他认为一定的社会关系和制度条件产生一定的行为方式、经济规律性和正常标准，这些不可能被国家的决策所取消。因为政府决策、国家计划并不要求投资紧张、长期劳动力短缺和价格漂浮倾向等。但只要维持这些现象的条件存在，政府决策或国家计划不可能使它们消除。但是，科尔纳指出，这些并不意味着经济政策的制定者、计划者和实际经济管理者面对这个制度的规律和内在倾向时是无能为力的。尽管如此，科尔纳仍然谨慎地不提出详细的消除短缺现象的具体建议，而只是从对问题分析中所得到的若干结论进行推导得到：中央计划者如果抵制下属组织的抽吸行为，提出较松的数量指令，尽量预防“瓶颈”的出现（减少延期投资），通过更好地组织生产的交换，更好地协调计划，更好地提供信息减少不确定性，减少摩擦因素等，来影响短缺的再生产。

五

下面根据我们对经济问题研究程序中的经济问题的定义和分类，以及经济理论解决的问题的种类来分析科尔纳短缺经济理论的功用。可以发现，科尔纳的理论的功用是解决第一类问题的理论，即解决人们对某些经济现象看不清，对这些经济现象背后的原因不知道，但又想知道所构成的经济问题的理论。因此，科尔纳的短缺经济理论（仅限于《短缺经济学》一书的内容而言）的功用就是可以解决人们的认识问题——使人们由不知道变得知道，由不知道各种普遍、长期存在的短缺现象及其原因，到知道各种短缺现象是什么，各种短缺现象赖以产生和存在的直接原因和深层原因是什么，知道社会主义经济的运行机制是什么；不仅如此，还从对现象的了解要“知其所以然”的角度给予了证明。

换言之，科尔纳谨慎地回避了社会主义经济及其运行机制应该是什么和如果对短缺现象不满意应如何系统地改革体制、调整政策的做法的问题的回答。虽然，他认为：他的理论所描述的那些现象的制度条件、行为方式和规律性并不是外部强加的或不可改变的，而且积极的人类活动能改变它们。

我们可以用科尔纳自己的一段话来说明短缺理论的功用：“对实际情况作细致认真的分析，并进一步说明因果关系的尝试，可能有助于找到解决实际问题的办法。”

六

那么科尔纳的短缺经济理论的科学性又如何呢？

我们首先讨论科尔纳的理论是否具有科学性。

首先，科尔纳的短缺理论在构造上只有可观察变量和可理解变量。虽然，科尔纳的理论潜在地具有"值得去知道"这样的价值评价——可评价变量，但正如他自己所说的："本书试图对现有体制进行分析，而不是提供理想的，还不存在的体制的蓝图"，所以这个理论中没有系统和较完备的可评价变量组合。同样，正如前述，科尔纳虽然也对社会主义经济制度的改革充满信心，并也根据自己的分析，给了一些可控制变量，但是，正如他自己所说："本书没有详细提出消除短缺现象的具体建议。"科尔纳在《短缺经济学》一书中的短缺经济理论构造中没有可控制变量组合。因此，从构造的完整性上看，科尔纳短缺经济理论在构造上的科学性不完整——只有部分的科学性。

其次，科尔纳的短缺经济理论所开拓的新的观察变量、构造的描述性可理解变量模型和解释性可理解变量模型以及整个理论的结论，都十分清晰和明确，具有确定性，因而可以让人们从社会主义现实经济生活的经验上对每一个变量、模型及结论进行证实和证伪的检验。因此，从经济理论的可证认性上看，科尔纳的短缺经济理论是科学的经济理论。

第三，科尔纳的短缺经济理论的描述性可理解变量组合揭示的经济现象间的因果关系，符合归纳法的要求，可以用归纳逻辑对其进行验证；它的解释性可理解变量所设置的前提、推理程序和推导结论，以及所证明或解释的经济现象间的因果关系，符合演绎法的要求，可以用演绎逻辑对其进行验证。不仅如此，科尔纳的短缺理论的解释性可理解变量模型，可以从能进行证认的前提或条件出发，推导出描述性可理解变量组合所揭示的经济现象间的因果关系的全部内容，推导出在企业预算约束软化的前提下，必然出现企业行为变异、摩擦因素强化、投资和消费饥渴出现，并必然导致社会经济生活中长期、普遍存在短缺现象。因而，科尔纳短缺经济理论中的两类可理解变量组合在逻辑上是完备的，是高度吻合的。由此，从经济理论逻辑程序的完备性上看，科尔纳的短缺经济理论是科学的经济理论。

第四，科尔纳的短缺经济理论讨论和研究的范围及问题是十分确定的，即社会主义经济生活中的短缺及其原因和运行状况是什么。虽然，在不少地方，理论涉及了资本主义经济的现象和运行机制，但主要是要在对比、比较中寻找一般的、带规律性的内容。科尔纳的短缺经济理论在解释人们不知道、不清楚，但又希望知道和清楚其内在运行机制和直接、间接原因的社会主义经济生活中的短缺问题上，具有十分明显的功能，即它能合乎逻辑地解释短缺的现象、形式、各种原因，以及再生产短缺的机制。但是，由于科尔纳的短缺经济理论中没有可控制变量系统，因此，它没有解决现实中存在的短缺问题的功能，只是为最终解决问题提供了认识的基础。因此，从经济理论的定题性、释题性上看，科尔纳的经济理论是科学的理论；但从经济理论的解题性上看，科尔纳的经济理论的科学性尚有欠缺。

最后，科尔纳的短缺经济理论在被人们检验时，其设置的可观察变量，其构建的可理解变量模型，以及其构模程序，都可以为检验者提供操作的可能，即检验者可以自己按照理论提供的程序进行操作，重新模拟出社会经济现象及其相互关系和运行机制，以检验理论的形成和结论的得出不是纯粹思辨的结果，而是对现实经济生活进行操作分析的结果。科尔纳的短缺经济理论在被人们用来认识社会主义经济中的短缺问题时，其设置的观察变量是人们可以对它进行观察以了解经济生活的短缺现象的；其可理解变量组合是人们可以对此进行模仿和重建，以了解和知道经济生活中的短缺现象及其原因和再现机制的。因此，从经济理论检验和应用的可操作性上看，科尔纳的经济理论具有可操作性，因而是科学的理论。

因此，从总体上讲，虽然科尔纳短缺经济理论在理论的结构完整性和理论的解题方面尚有不足，但它仍然是科学的经济理论。其不足之处，也是科学理论形成过程中，由于研究者——科尔纳本人受主客观条件限制，没有完善之处。从另一个侧面讲，要使科尔纳短缺经济理论全部达到科学理论的要求，还需要对上述部分给予完善和补充。

七

最后，我们还要探索和剖析科尔纳短缺经济理论的科学性的程度。

首先，科尔纳的短缺经济理论属于全新的独创性的经济理论。他独创性地开拓了一大批可观察变量，并创造性地构建了描述性和解释性的可理解变量模型。因此，他的理论的科学性程度超过那些模仿性的或基本没什么创造的经济理论，也就是说，他的理论的科学性较高。

其次，科尔纳的短缺经济理论具有简略性，即只使用了一两百个变量，就解释和模拟了现实中的社会主义经济中的主要问题和运行机制等。因此，从这个角度上看，他的理论的科学性程度较高。

第三，科尔纳的短缺经济理论把人们对社会主义经济的机理，把人们对于社会主义经济中最主要和最重要的问题，把人们对于社会主义经济中的弊病的认识，大大地推进了几步，使人们的认识深入到了社会主义经济的最本质的特征，并使人们能在认识上将各种各样的处于表层的经济现象与经济生活的本质的联系找到。因此，科尔纳的短缺经济理论在深层性上具有较高的科学性。

第四，科尔纳的短缺经济理论中大量地引进了数学、力学、控制论、信息论、系统论和西方经济学、伦理学等学科的知识、方法等，使自身处于开放系统中，因受到其他学科知识输入的刺激，而能包含更多的信息和解释更多的问题。就此而言，他的理论在理论的开放性上具有较高的科学性。

第五，从目前情况来看，科尔纳的短缺经济理论在全世界，尤其是社会主义国家的学术界以及决策界中引起了强烈的反响，人们大量使用他所开创的术语——可观察变量与可理解变量，思想——可理解变量模型，方法——实证分析、非均衡分析等，进行各类经济问题研究，并且方兴未艾。从这个意义上讲，科尔纳的短缺经济理论在可发展性方面具有极高的科学性。

第六，从对未来的预测来看，科尔纳短缺经济理论的思想、方法、结论、分析和推导程序，将会从经济学推广到其他社会科学领域中，成为其他社会科学领域中的研究者们以各自的角度研究社会主义的运行机制时的示范。因此，从可推广性上看，它可能有较高的科学性。

1986 年 5 月初稿

经济理论科学性判定条件的探索

雷晓明

当前，我国经济理论界和整个社会都急需一套系统的客观的和科学的关于经济理论科学性的判定条件，因为：①以国家为首的经济活动主体需要用它来判别和评价各种经济理论的科学性，以选用合适者来解决自己所面临的问题；②经济理论界要赶超世界水平，就需要用它来鼓励和抑制某些研究精神、风格和倾向；③经济学说史界要用它来重新统一或者统一人们对历史上的经济理论的形式、功能、作用等的评价；④经济教育界要用它来培养、造就学生的科学精神和为他们在未来创造性地解决经济问题提供示范；⑤经济理论界要用它来作为决定引进哪些经济理论的准绳……总之，一句话，我国没有经济理论科学性判定条件的状况再也不能继续下去了。

当然，从事经济研究、经济教学，尤其是经济工作的人们，对于经济理论的“好”、“坏”和适用性，都有自己个人的意见、看法。但是，这些意见、看法和由此形成的社会标准，基本上还处于靠个人的好恶、知识素养和团体倾向来支配的阶段。现时靠个人的好恶等来评价事物，难免会受到干扰和出现偏差。尤其是近几年来，各种思潮的传播，各种观念的转换，使得许多人在接受某种观念之后，很难对事物作出客观的评价。因此，有必要对此进行一番探讨，寻求具有符合科学精神的、系统的经济理论科学性的判定条件。

下述分析，意在抛砖引玉，求教于学术界。

一

用什么指标或标准，才能判定一个经济理论的科学性的有无或大小呢？

在进行讨论前，先交代本文所使用的一些基本概念的定义和界说。

经济理论是人类在解释经济问题过程中所形成的系统知识，它是人类经济知识的中心。

科学是在人类创造性地解决问题——认识自然、社会、思维和改变与控制自然、社会、思维这两类问题——的过程中所形成的，是在解决问题的过程中得到验证和发展的系统知识。科学的功能就是能有效地解决人类所面临的各种问题，推动人类文明与文化的发展。

科学性的判定条件是指：①科学与非科学知识的分界标准；②科学知识检验与评价（比较功能的优劣）的标准。

因此，探索经济理论科学性的判定条件是什么，就是要研究一个经济理论能不能够有效地和创造性地解决经济问题，满足人们对于经济生活的要求，促进人类文明的发展；用哪些指标或标准最合适，就是要比较两个以上的经济理论，在解决相同或不同的经济问题时，谁能更有效地满足人们的要求。

根据研究的需要，还需要对本文所提到的经济问题和所指作一个说明。简言之，经济问题就是经济活动主体要认识和解决的，在经济活动中出现的主体不知道原因和主体不满意其结果的事件、状态、过程、倾向等。用“黑箱”理论来表述，经济问题就是：①经济活动主体对于经济活动的内部构造和运行机制不知道，因而对“黑箱”的输入输出变量的关系看不清——不知道哪些输入变量又与哪些输出变量相关，因此，看不清又希望看清就是一类经济问题，因此，这类问题的解决，就是看清了输入输出变量的关系；②“黑箱”的输出变量值或状态与经济活动主体的预期要求、目的、标准或原则等存在偏差，因而经济活动主体希望对偏差进行调整，使其减小或消除，因此，应该如何调整使输出符合预期，就是一类经济问题，因此，这类问题的解决，就是通过调整，使输出符合预期了。

由上，我们可以说，确定经济理论科学性的判定条件的基础，就是首先看其能否解决经济问题，看其如何解决经济问题，看其是否解决了经济问题等。

为了了解其他学科对判定条件的论述，下面，我们先对科学哲学的科学论、经济学的科学观作一个简单的述评。

二

古典理性论者和古典经验论者都认为科学知识是绝对无误的，是经过证明的。因此，对于他们来说，只有绝对无误的知识才是科学的。但是对于前者来说，前提真的结论便不可能是假的结论，它面临一个难题：是否能得到绝对无误的等于公理的知识和前提；对于后者来说，依靠经验基础的确定性和归纳推理的正确得到无误的知识和结论，也面临一个难题：只有命题才能够证明命题，事实不能够证明命题。由于这两个难题的无解，一切科学知识，事实命题、规律和理论，都是不可证明的，因而不存在绝对无误的知识。由此，人们就转而探索其他标准。

维也纳学派认为区别科学与非科学的标准是"有意义"。例如，尤尔纳普考虑了四种不同的"有意义"标准——完全可检验性、完全可确认性、一定程度的可检验性和一定程度的可确认性，从而把形而上学的陈述作为没有意义的，从科学中排除掉。但是，由于发现一个陈述的认识意义还要"在它对于该语言的一切其他陈述的逻辑关系中反映出来"，因而，在这个意义上，经验科学的陈述具有超出能够用有关观察语句来表述的意义之外的意义（剩余意义）。这样，有意义标准作为划分科学与非科学的界限就不够完整了。

逻辑经验主义者认为，观察陈述或数据既是科学语言有意义的唯一源泉，也是科学陈述的辩护的唯一根据。虽然他们放弃了用数据等可以为科学进行证明的要求，但仍认为可以由作为证据的观察陈述与假说的逻辑关系得出一个假说的确认程度或概率，这就是把证实作为科学与非科学陈述的分界。但是，由于"观察依赖于一个概念结构，观察是充满理论的"，因此随着观察和理论本身的区别的消失，证实标准就不能成为唯一分界标准。

波普的科学观是，科学的合理性并不在于它的为支持意见而诉诸经验证据的习惯（即证实性），而唯独在于它的批评方法（即可检验性或证伪性）。波普认为，可检验性或证伪性，就是科学和迷信的分界线，也是科学和形而上学的界限。进而，波普还提出"逼真性"和"确认程度"的思想，来作为科学进步的测度和理论受检验的严峻性程度与它经受住这些检验的程度的一个测度。由于逼真性测度的使用，人们还可以对两个假的理论进行比较评价，并能指出其中的哪一个对科学的贡献大一些。因此，简而言之，波普的观点就是一个理论或假说的可检验性或可证伪性愈高，它的可确认程度也就较高。波普的见解无疑是深刻的。但是，科学活动不仅仅是科学革命活动，而且还包括科学常规活动，此外，诸如占星学（类似于艺术）和原始科学也是可检验的，因此，波普的证伪标准就不够全面。

库恩认为，科学与非科学的划界标准诚然是可检验性，但是，库恩强调的检验主要是针对解决疑难问题的。也就是说，库恩把科学分为常规科学与革命科学，并且把划界标准确定在常规科学与非科学知识之间。具体地说，库恩认为判定一个知识是否科学的标准，在于其是否解决了疑难问题。为此，库恩强调，由前科学发展到科学就是由批评议论方式转变到解决疑难问题方式。进而，库恩认为，在评价比较科学理论的优劣上，最有用的标准是：预测的准确性、解决问题的数量、解决问题的范围和种类……总之，在解决疑难问题上功能较好的科学理论就是较好的科学理论。同时，由于库恩认为理论选择的标准既是客观的，又有科学家个人的信念和价值评判，因而他相信可由哲学家从科学史上以及当代科学实践的选择行为中提炼出合理的评价标准，来鉴别理论的优劣。

拉卡托斯吸收了库恩的常规科学的能见度和抛弃了波普的朴素证伪主义，提出用接受规则（划界标准）来作为科学性的判定条件。拉卡托斯认为，只有当一个理论把它的超过先行者（竞争者）的多余经验内容加以确证，即只有它导致新事实的发现，它才是“可接受的”或“科学的”，这个条件可分为两个条款：新理论有多余的经验内容（可接受性 A）和这个多余的内容的一部分得到证实（可接受性 B）。但是，拉卡托斯是从两个理论的比较上来讨论理论的科学性的。他认为，A 理论被证伪的充分必要条件是：取代它的 B 理论有超过 A 的多余经验内容，B 预测到新的事实；B 证明 A 以前的成功，就是说，A 的所有未受到反驳的内容都包含在 B 的内容中；B 的有些多余内容得到确证。因此，这样的评价标准既不能用于孤立的理论，也不能用于两个理论的经验内容不可比较的情况。同时，由于存在“库恩损失”（科学革命中，新理论说明的内容，往往比已被接受的旧理论小，即称“库恩损失”），拉卡托斯的评价标准的应用也受到限制。

法伊尔阿本德反对传统的检验理论的基础：一致性条件（理论所达到的与事实间的一致性程度是评价理论的标准）和自主性原则（事实是独立于所选择的理论之外的）。他认为没有科学家会遵守"一致性"要求，科学史上几乎没有任何理论同事实是一致的；认为不仅每个单独的事实描述都要依赖于某一理论，而且除非借助于同该理论相关的其他可供选择的理论，有些事实便不可能发现。他指出，检验的单位不是单独一个理论应该是整类部分的重合，经验的适当的，但却互不相容的理论，因而必须把理论和理论比较，而不是和"事实"比较。比较的内容则是观点是否增多——增多原则（即知识是由"观点的增多"而不是由一个观点的坚决应用所得到的）。由此，他的评价标准就是是否增加了知识。此外，他特别强调对科学理论进行评价的背景理论的更替和为了保护新生的弱小理论，以非理性的评价取代常规评价的重要性。

夏皮尔却认为，科学中没有任何东西是内在神圣不可侵犯的，因为随着科学知识和信念内容的发展，我们对自然进行思考的规则——方法、推理规则、鉴别标准——也同由于运用它而得到的知识和信念一起发展，并随所得到的知识和信念的变化而变化。因此，不同时期的理论科学性的评价标准不同，但不同时期的各类标准之间仍存在联系——可以找到合理演化的轨迹。

通过对科学哲学的各流派及其代表人物的科学论的主要观点的介绍，我们可以说，科学哲学对于科学与非科学的区别标准，比较科学理论优劣的标准，以及这些标准的优缺点和标准的变动性的认识是深刻的。因此，上述的各种区分标准或比较优劣的标准，如"绝对无误"、"有意义"、"证实性"、"证伪性"、"解决疑难问题"、"可接受性"、"增加原则"、"非理性"和"变化性"，对于我们讨论和确立现代经济理论科学性的判定条件是有重要作用的。但是笔者认为，在引入这些标准来讨论经济理论科学性的判定条件时，都要注意一个问题，即这些标准是科学哲学家在研究自然科学史等当中得到的结论，而我们主要讨论和研究的是经济科学史，因而在自然科学中适用的某些内容，在作为社会科学中的一支的经济科学中可能会有某些偏差。这是因为，自然科学所研究的问题相对来说是不变的，或是不断向纵深演化的，而社会科学研究的对象相对来说是在不断变化的，问题的性质和种类都在不断更新——人类社会每进一步，都会产生新问题。当然，不能因此就认为，我们讨论和确定经济理论科学性的判定条件不能引入科学哲学的成果，这是因为虽然两类科学的对象的性质和种类有差异，但两类科学都是要完成一个共同的任务：解决问题——认识和控制对象的问题。

三

早期的经济学家没有专门对科学与非科学的分界标准进行讨论，但我们可从他们的工作及他们的经济学方法论中略见一斑。

亚当·斯密的《国富论》，演绎法和归纳法同时并用，且相对重视演绎法的使用。因而，我们可以推论，斯密对科学与非科学的分界的看法是：一个科学理论之所以成为科学理论，就在于它是运用演绎法和归纳法对现实经济问题进行研究的成果。不仅如此，斯密还强调经济理论的实践功能——成为经济主体进行决策的基础——的作用，认为一个科学理论还必须包括应用于实践的内容。马尔萨斯的观点，以其《人口原理》的内容与结构看，与斯密相似。

李嘉图、西尼尔、小穆勒和坎恩士等人认为经济学是以“经济人”为前提的演绎的、抽象的科学。在他们看来，“归纳法”与“演绎法”都是获得科学知识的手段，但归纳法只能用来获得科学的基本原理或大前提，如“经济人”等，一旦得到基本原理后，就可由此演绎出经济科学的中间原理和下位原理。可是，基本原理都是一些已知的东西，不需用归纳法去获得，所以，经济学是演绎的科学。

李斯特、罗雪尔、希尔德布兰德和克尼斯等人反对经济科学是演绎的、抽象的标准，认为经济学只能是归纳的和历史的科学。他们强调现实是历史的继续，不知道历史，不知道各国国民经济的具体情况和变迁情况，是不能建设科学的经济学的。此外，他们还强调经济理论和由此得到的经济政策的时空性与伦理性，从而把价值评判在经济科学中显现出来了。

施穆勒和布伦塔诺也持有与旧历史学派相似的科学划界标准，不过强调了对心理方法、统计方法的使用。

门格尔认为，经济学由三类知识构成：历史知识系统，理论知识系统是主要的内容，历史和实践（政策）知识系统是辅助内容。由此门格尔认为科学与非科学的分界标准就在于一个理论是否包括三部分内容，且用现实经验与精确方法对现实经济进行研究，得到了经验法则和精确法则。

庞巴维克也持有类似的观点，认为经济学之所以是科学，在于其要使用历史统计方法和归纳方法，要对社会政策的改良提出意见，要使用抽象的演绎方法。

瓦格勒和毕协耳虽然是新历史学派成员，但其在对科学的划界标准上，也赞同门格尔、庞巴维克的观点，认为经济学要成为科学，历史方法固然有很大的作用，但关键不在于使用演绎方法，从而形成理论体系。

老凯恩斯由于持有历史方法和理论方法的调和或综合态度，认为经济学之所以成为科学，就在于它用历史方法来分析和确证那些非以历史事实为根据的结论，指明经济原则适用的范围，提供一个达到具有理论性质的经济真理的基础；也在于它用理论方法来对已建立的经济对象的因果关系进行解释和说明，发现因果法则。

亚孟认为一种学问要成为科学，必须将经验现象按一定的选择原理加以分类，从现象中将可以在逻辑上构成一个统一的思维形象的事物关联，来作为这个学问的认识对象（按现代系统论的观点看，亚孟的观点不过就是指研究问题要对对象进行记分，按相对孤立系统的要求确定范围）。

桑巴特认为经济学的任务是理解经济关系，因而经济理论是否成为科学，就在于其是否能帮助人们理解经济关系，至于使用什么方法倒是其次的。他说：“当我在处理欧美经济的意义关联时，如以超时空的角度加以研究，得到的是理论，如从史实的事象加以叙述时，得到的是历史。”

马克斯·韦伯的科学观基础有两点：①科学本身不包含价值判断，虽然社会科学在问题选择时，是与价值关联的，但其研究方法都是价值中性的；②人们进行研究，所得到的理论（理念范型）不是研究的目的，而是理解现实的手段。因而，在他看来，一个理论是否是科学，一方面看其是否不包含价值判断，一方面看其是否根据一定的观点，将现实生活的某些要素进行加工，构造一个在逻辑上统一的思维形象，且这个思维形象可以帮助人们：A. 构造历史现实的现象的因果联系，从而了解现实的本质；B. 确定现实或历史上经济的性质，发现现实的特征和实质；C. 明确地将历史或现实的经济生活，用一个逻辑统一的理论模型表现出来。

在经济科学是否应该包含价值判断（或实践目的）在内的问题上，施穆德、瓦格勒、库恩等认为经济科学必须包含价值判断（甚至要求经济学与伦理学结合），因为只有这样，才能解决社会问题（他们指认为经济学是社会的民族有机体的医师）；马克斯·韦伯、桑巴特等却认为经济科学是经验科学，它最多可以告诉我们"人能做什么"、"人想做什么"，而不能告诉我们"人应该做什么"，因而不应该包含价值判断，他们提出超价值性的思想来说明经验科学只研究"存在"，而不研究"当为"，因而把经济学比喻为和医学的临床学一样的"术"是不妥当的（但是韦伯还是承认社会科学问题在选择时是与价值有关联的，同时他还认为在讨论逻辑的因果联系的客观事实时，可以加以技术的价值判断，而不悖于科学的客观性要求）。

对于韦伯等人的攻击，施穆德等人更加以反驳，认为主观的价值判断虽不能加以科学的考察，但客观的价值判断却可用科学加以证明。所谓客观的价值判断是指全国的全时代的甚至全世界的共同的价值判断（它的形成是"历史的成熟"和"伦理的进化"的结果）。海塞力辩经济现象的研究根本就离不了价值判断："经济生活至为复杂，吾人采取何者为研究对象皆须本于吾人之价值理论乃能决定。究竟什么材料'重要'，什么材料有'价值'，以及什么材料始为'本质的'，吾人皆须一一求之于吾人之主观的评价。"

威尔布兰、夏克、赫兰德等认为，如果有超越目的，即假定的价值判断存在，则按照此超越目的以行假定的价值判断，亦非全然不可能。这个超越目的不是一个信条，而是一个假定，因而按照这个超越目的所行的价值判断就不过是一个暂定的结论而不能直接期之于实用。他们认为这些超越目的不能只是抽象的形式的假定，而须有明确的具体的内容，并为了解成为衡量现实的标准起见，这些超越目的不能违反现实生活。由此，他们就以"匮乏的防止"、"国民收入与国民财富的增加"作为经济学的超越目的。

而经济科学的任务是否如同自然科学一样是发现经济法则呢？古典学派、

新古典学派以及各类纯粹理论学派的学者都认为经济学就是要研究和发现支配财富生产、分配、交换和消费的法则，甚至认为“经济法则的集聚便构成纯理的经济学”。但社会法学派认为不可能发现或树立经济法则，因为经济现象时刻变化着，因而能在所有的社会形态中都适用的法则只属于自然科学的认识领域。庞巴维克、维塞尔、马歇尔等一方面怀疑经济法则的妥当性，一方面亦认为经济法则不过是趋势的归纳，不承认经济现象中有严格意义之法则存在。韦伯却认为不管是否存在严格意义的法则，但都可以假定它存在，并用它来作为认识经济现象的手段——理论范型或工作理念。

桑巴特认为经济法则有四类：规范法则、自然法则、认识手段法则、经济法则，从而认为经济学分成四类，规范经济学、序整经济学、理解经济学和历史经济学。

因此，在上述学者看来，在经济理论的科学性判定条件中必定包含是否建立了各类经济法则。

在经济学认识对象的确定与经济理论科学性的关系上，历史上的一些学者认为，一种学问，如过于庞杂，或“百科”“大全”式，则必定与科学性发生冲突，因而一种学问要成为科学，则首须使其内容纯粹化，而要使一种学问的内容纯粹化，则其观察的对象就必须先加以选择和选定。

亚孟按照黎刻特和韦伯的方法论精神，提出经验对象和认识对象的区分界说，从而对经济理论的科学性判定奠定了范围基础。亚孟认为，由于经验世界的经济现象太多、太复杂，我们如果不基于一定的选择原理对各种现象加以选择过滤，那么我们将被经验现象所淹没，而不能对经验现象加以把握和了解。由此，亚孟认为未经选择的现象不能成为科学研究的对象，最多只是为研究提供资料。

桑巴特指出，我们对于一种事象之思维，不管是科学的思维，或日常的思维，皆是本于一定的立场、认识的。所以，我们对于一种经验对象的比较、区别、结合和分离总是基于一定的主观观点为出发点的。人们基于科学的思维方式所把握的对象，就是科学的认识对象，即被人们按科学的思维方法从经验对象内抽象出来，以构成一逻辑的思维对象，就是科学研究的认识对象。

这样，选择原理和科学思维及运用它们的立场就成为理论是否具有科学性的先决条件了。亚孟认为，从经验现象中抽取认识对象的立场，应在构成一门科学的各问题中去找寻，因为，从严格的逻辑的意义而言，一种科学不过为“在逻辑上相关联之各问题的体系”。

在经济研究以什么人为出发点才使自己成为科学的问题上，古典学派的斯密、李嘉图、西尼尔、小穆勒和新古典学派的各学者皆认为，经济研究只有以纯粹的“经济人”为出发点，才可能揭示出科学的内容，才可能使自己具有科学性，因为只有使用抽象的分析方法，才可能得到较为完善的理论；德国历史学派、社会法学派、美国制度学派、英国福利学派则认为，经济确实必须从现实的人——“社会人”、“法律人”、“制度人”和“伦理人”——为出发点，因为只有大前提真实，结论才可能真实；马克思则认为必须以“社会人”和“历史人”为出发点。

通过上述早期和近代经济学各流派的代表人物对科学与非科学的划界标准的介绍，我们可以发现，其中任何一个人的观点或见解，用今天的眼光来看，一方面都有独到之处，一方面又都不全面，不能成为现当代的科学与非科学的判定条件。但是，从他们的观点中，我们仍可以发现，“归纳法”和“演绎法”的联合使用，且在不同层次上展开，无疑是科学性的判定条件的基础之一；经济理论中包含了历史知识、理论知识和实践知识（从今天的观点看，就是价值目标的实施措施），也是经济理论科学性的判定条件的组成部分；认识对象的确定即所要研究和解决的问题及其相关范围的确定，也是经济理论科学性的判定条件的前提；价值判断的功用和价值判断在某种情况下与研究保持中性与关联，对于经济理论的科学性的判定条件来讲，无疑是前提之一；理念范型与理解方法的功用和获得，无疑也是理论科学性的内容之一；此外，还有“社会人”与“经济人”在什么情况的使用，也对理论科学性的纯度有直接的影响。

总之，近代经济学家的科学观是富有启发意义的，但也是不全面的，不能完全满足我们今天对理论科学性的判定条件的要求。

四

现代经济学家也对科学论有一些新的独到见解。

在检验科学理论的真理性的标准上，有四方面的见解。

有人认为，检验标准是理论前提的真实性；有人认为，检验标准是理论预言的作用；有人认为，检验标准是证伪；有人认为，检验标准是证实。

但是，前提的真实性并不意味着结论一定真实，预言的失灵，也不等于理论不正确；证实固然可以说明理论的有效和科学性；证伪也未尝不是科学性的要求。

哈奇森主张将波普的证伪原理导入经济理论的科学性判定条件中，认为任何经济学说要取得科学的资格，必须经受在人与人之间的验证。但是，哈奇森认为应当加以验证的是命题的前提而不是其预言。哈奇森尤其强调经验事实是经济学的出发点，经济理论是经验事实的反映。其真理性应接受经验事实的验证。

奈特认为经济学与自然科学不同，经济学研究经济行为，但经济行为受到人们有意识的目的的支配，因此，经济学不可能像自然科学一样接受经验世界的验证。由此，他认为可检验的并非真正的经济学，而不可检验性却是真理的标志。

萨缪尔森运用布里奇曼的操作主义方法，认为可以制定某些相关定理，将经济学的抽象概念同可以进行物理度量的经验操作联结起来。由此，就得到理论科学性和完备性的判定条件：理论应当同实际领域和观察资料紧密联系并能经受后者的检验。

弗里德曼认为经济理论是否具有科学性，取决于其作出预言的能力，取决于其能否接受经验事实的检验。同时，他还认为对理论的前提加以检验是不必要的，前提的虚假或抽象是优点而不是缺点。

舍夫勒认为假说演绎传统是一个死胡同，因为经济学研究的对象应当是整个社会组织，而不是单独的经济制度；帕潘德雷欧将理论区分为基础理论和经过验证的理论，认为只有经过验证的理论才是真正的理论。但历史上的经济学所建造的经过验证的理论为数极少，因而经济学实质上不能称之为真正的科学。

里普瑟推崇波普的证伪方法，但认为对于一个理论的证实和证伪，永远不可能是最后完成的，因为单凭一个或几个证据是无法判明一个理论的真伪的，因此，他提出了统计检验方法，使人们能在目前知识有限的背景下，判定一个理论真伪的概率。

现代奥地利学派的哈耶克、米塞斯认为检验经济理论的最终标准不是基于经验事实的证伪和证实，而是不附加任何经验成分的纯粹逻辑推理。

尼格尔认为对于任何社会科学来说，都涉及两类价值判断，一是描述性的价值判断，一是评价性的价值判断，只不过应该减少评价性的价值判断。

制度学派经济学家海尔布伦纳和缪尔达尔认为，社会科学的研究对象是有意识有目的的人的行为，不可能照搬自然科学的研究方法，不可能摆脱价值判断。缪尔达尔强调价值判断不仅是不可避免的，而且是经济分析的前提条件。

以现代经济学家的科学观来看，经济学界对于科学与非科学的分界标准无疑增添了新的内容，且认识也进一步深化了。但是，从整体上讲，尚没有哪一个经济学家从经济理论是否完成任务解决经济问题的角度，提出系统、全面的经济理论科学性的判定条件。因此，我们有必要从前人积累的知识上来思考和探索一个经济理论科学与非科学的划界标准。

五

在研究经济理论科学性的判定条件时，我们还须对自然科学和社会科学在科学与非科学的划界标准上的异同做一点分析。

自然科学研究的问题与社会科学研究的问题的性质、种类、层次、结构和范围等虽然不同，但它们进行研究的期求实现的目的和所拟完成的任务都一样，即认识对象和控制或改造对象，使其符合人们的要求。如自然科学研究自然问题，不外乎就是因为：①人们不知道自然界是如何存在的，如何运行的；②自然界的各种状态对于人的需要的满足来说，存在着或大或小的差距，人们不知道如何做才能改变这些状况，才能使自己的需要得到满足。人们对自然界进行研究的目的就是期望：①知道自然界如何存在与运行；②知道如何控制自然界，使它的状态发生变化，满足人的需要。自然科学研究的任务完成得好坏就是它的成果对于人的两个目的的实现提供了多大的把握，因而自然科学理论的科学性也就取决于它的任务完成情况。社会科学研究社会（经济）问题，也是因为：①人们不知道社会（经济）活动是如何存在和运行的；②社会（经济）活动的过程、状态、结果等与人对它们的预期不一致，人们不知道如何去控制社会（经济）活动，使它符合自己的预期。这样，从一般的意义上讲，两类科学理论的科学性判定条件就是一样的：是否完成了自己的任务。

但是，社会科学所研究的对象是社会生活，是有目的有意识的人的活动、人的交往。因而人们事实上不可能把握全部经验现象，尤其是不可能采用诸如自然科学的判定性实验之类的标准来检验和判定理论的科学性。因此，人们就不得不采用一组或几组其他标准或条件，从各个侧面来判定理论的科学性，从而构成一个判定条件系统。

同时，由于社会生活的复杂多样，人们在从事或进行各种活动时，都是以自己特定的价值判断为出发点和目标的，因而，在判定研究这些社会活动的社会科学理论的科学性时，就不能关注这些价值判断本身，而只能考察理论所要完成的任务和其本身的逻辑结构等。

最后，社会科学理论与每个人的生活与活动都直接相关，因而评价和判定理论科学性的活动，就不只是研究者自身和研究者——社会科学工作者——共同体的工作，而且还包括社会大众的各类行为主体的褒贬。

六

现在，我们来讨论经济理论科学性的判定条件。

在讨论之前，我们先交代我们讨论的前提。我们是在科学精神和宽容原则的背景下进行讨论的。科学精神就是实事求是，就是组成现代科学家的精神气质的四种规则——普遍性、公有性、无偏见性和有条理的怀疑论——的显现；宽容原则就是指在目前经济理论还不完善前，我们对各种理论成果，都应持一种宽容的态度，以支持和鼓励人们进行各种各样的尝试和探索。

同时，根据我们对经济问题研究的程序和理论构造的分析，我们认为经济理论就是由一组可评价变量，一组可观察变量，一组可理解变量和一组可控制变量组成的为认识和解决某个经济问题所形成的知识系统。

由此，我们认为经济理论科学性判定条件的第一条就是结构完备性，也就是说，考察一个经济理论是否科学，我们首先要关注的就是这个理论是否包含了可评价变量、可观察变量、可理解变量和可控制变量。这是因为，一个经济理论，如果没有显现和潜在的可评价变量——价值判断（至少是“值得去知道”、“知道比不知道好”的价值判断），就不能明确其所要解决的问题是什么，甚至不足以表示存在问题。历史上的学者，有相当一批人，认为经济理论中不能包含价值判断（当然也有人赞成包含），其理由在于价值判断不能与科学精神共存。但是，我们认为，一个经济理论中若不包含价值判断能力，则我们很难知道这个经济理论是解决什么问题的——没有价值判断是不能构成或形成问题的。事实上，就是“超价值论”的首倡者马克斯·韦伯也承认和同意社会科学在问题选择时是与价值相关的，他只是不同意或不赞成在问题研究中与价值相关联。其次，如果一个经济理论没有可观察变量，则这个理论将不可能有任何经验材料和经验事实。但是，经济学不是玄学，也不是神学，而是要解决实际问题的经验性科学。因此，没有可观察变量的理论也就谈不上什么客观性，更谈不上科学性。再次，如果一个经济理论没有可理解变量，则这个理论本身就不成其为理论了。但是，由于我们说经济理论的可理解变量有两种形式或层次，因此，如果只有某种形式的可理解变量（由于存在递进关系，因而如果存在只有一种可理解变量形式情况的话，则必定是只有经验型的可理解变量）存在于理论中，虽然其解释力和预言力有限，其功能有限，但其仍然有理论的功能与结构。如果两个层次的可理解变量都有，则其科学性就会增高。最后，如果一个经济理论中没有可控制变量，则这个理论最多只能直接完成帮助人们认识对象的任务，而不能直接帮助人们完成调整和控制对象的任务。因此，缺少可控制变量的经济理论，其科学性就一定低于有可控制变量的经济理论。

简而言之，以结构是否完备来判定经济理论的科学性时，我们是从解决问题的角度来讨论的，因此，上述四个变量系统的组合对于经济理论科学性来说，是不可或缺的。只是由于理论的功能分成两类：一认识，二控制。因此，缺少可控制变量的理论，其科学性要差一些，但仍然有科学性，可是，如果缺少了其他三类变量，则理论就根本不成其为理论或者不成其为研究现实经济问题的知识体系了。

值得指出，结构完备性这个判定条件，并不仅指理论是否由四组变量构成，它还包括了简单性和可接受性的内容。首先，四组变量系统本身的内容、层次、结构、概念等都应该是简洁明了的。换言之，对同一个问题有同等解释力或预言力的两个不同结构的理论来说，谁所包含的概念、范畴即变量愈少，谁的科学性就较高，因为，这一方面符合思维经济原则，一方面也是科学与美的结合所在。其次，一个具有四变量系统的理论，还必须是它的推理程序和四变量系统的组合格局、模式，以及所使用的变量概念等，都必须是当时和尔后的人们的思维习惯、思维方式以及语言形式可接受的。否则，再好的、再有效的理论也不可能真正为人们作出贡献。当然，一些特别优秀的理论影响当代人的思维方式、推理程序、组合格局和概念等，但这仍然符合我们的要求。

经济理论科学性判定条件的第二条是逻辑完备性。

当我们考察了经济理论的结构完备性后，就要进一步考察经济理论的逻辑完备性。所谓逻辑完备性，首先是指可理解变量的两个层次的内容是否符合逻辑推理要求的经验型可理解变量的每一个变量与各个变量的关系，尤其是因果关系乃至因果法则（又称历史法则、经验法则）是否符合归纳逻辑的完备性要求；演绎型可理解变量的每个变量前提、推论和得到的模型，是否符合演绎逻辑的要求。我们知道，一个理论、一个知识体系，如果既不符合归纳逻辑，也不符合演绎逻辑，那么这个理论或知识体系是不能成为科学理论的。因此，可理解变量的各种层次和组合，只有完全符合逻辑完备性的要求，才可能使我们有进一步探索其他判定条件的必要。

不仅如此，可理解变量的两个范型的得出，一方面要与可观察变量提供的信息有关，一方面要成为可控制变量得以提出的基础。更主要的是，这两个范型之间的关系也必须是高度嵌合的。也就是说，经验型的可理解变量所概括的因果关系与法则，也正是逻辑型可理解变量根据某个或某组前提进行推理也能得到的逻辑关系或逻辑结论，简言之，经验型可理解变量揭示或概括了对象之间的关系，逻辑型可理解变量解释和论证了对象之间的关系为什么会必然如此，而不是其他的原因——大前提的给定。由此，经济理论的逻辑完备性：一方面在于四变量系统的相互联系没有逻辑矛盾，一方面在于可理解变量的两层次之间的高度嵌合关系的建立，一方面是两个层次的可理解变量符合逻辑推理的要求。

经济理论科学性判定条件的第三条是理论的清晰性。一个理论是否具有清晰性，即它的可观察变量是否明确地告诉人们观察什么、怎样观察，从而使人们可以在自己的观察中重证或否定理论提出者关于这些可观察变量及其关系的陈述；它的经验型可理解变量及其组合是否明确地表述了其因果关系或各种经验现象的因果法则，从而使人们可以通过自己的观察和陈述来验证这些因果关系与因果法则；它的逻辑型可理解变量及其前提是否明确地表述出来了，它的结论和推导程序是否明确表达出来了，从而使人们决定是否可以接受其前提的假定，接受其推理程序和结论；它的可评价变量是否明确显现了理论建立者（以及它所代表的社会集团或阶层）所期望的具体目标或各层次的价值判断，从而让人们知道它们是否与自己的价值判断和期求一致；它的可控制变量是否明确地告诉人们控制什么、如何控制和控制目的等，使人们可以从推理和实践两方面去了解和印证它的可行性和功能；它的可理解变量是否对所要认识的问题——经济生活中人们不知道原因或关系的事件等——有明确的解释，对未来有明确的预言。总之，那些模棱两可或面面俱到，但没有提出确切信息和内容的理论，因为其既无法证实，也无法证伪，因而就不是科学。事实上，由于科学的纠错机制的要求，理论必须是清晰的，因此，即使说错了，但只要是可以纠正的，仍然成为科学成长和进步的环节。倘若一个理论，无论对错，都无法进行证认和纠正，就不能成为科学理论。

证实性和证伪性即可检验性是经济理论科学性判定条件的第四条，也就是说，经济理论的四个变量系统都必须是可检验的。首先，可评价变量系统的内容必须是可以验证的，可以用经验事实、统计或内省的方法进行检验的。

进一步说，可评价变量的证实和证伪，对于理论科学性的形成来说，具有同样的功能，只要它是可以让人检验的就行。这里需要强调，证实固然是理论科学性的标志之一，证伪也同样是理论科学性的标志之一。这是因为按照科学的纠错机制的要求，无论一个认识或判断有多大错误，只要能在验证它的基础上对其错误进行纠正，则这个被证伪的认识仍然也是科学理论成长和进步的环节。可是，由于可评价变量是人们价值评判的理论概括，因而，其检验多半是通过内省的方法来进行的，这样，可评价变量的可检验性，一般来说，是可以具备的。其次，可观察变量系统的内容也必须是可检验的，也就是说，可观察变量本身的可观察性，可观察变量所提供的变量值、变量状态和倾向等，都必须是可检验的。同样，这些内容的证实对于理论的科学性来说，无疑是一个重要的佐证，但它们的证伪，也未尝不是科学理论成长和进步的环节。因此，只要上述内容是可以检验的，理论的科学性就有了一点保证。再次，可理解变量也必须是可以检验的。如果经验型可理解变量不可以证实或证伪，则表示它根本就不是经验现象的因果关系或因果法则的概括。事实上，对于经验型可理解变量来说，它就是在观察的基础上，通过对资料的分类、组合等得到的因果关系和因果法则，因而，一个不能从经验上进行验证的经验现象的关系，是不可能存在的。同时，因果关系和法则的证实，表明理论的功能，它的证伪也同样为修改和完善它本身提供了基础。所以，只要它是可检验的，它就具有科学性。如果逻辑型的可理解变量不能在逻辑上和经验上进行验证，那一方面说明它既无逻辑，也不能解决问题，因而就不可能是逻辑型的可理解变量，也就是说，逻辑型的可理解变量首先是可以在逻辑上得到检验的，其次是可以在经验事实上得到验证的，只有这样，它才称得上是逻辑型的可理解变量。简而言之，逻辑型的可理解变量的证实和证伪，能为最后解决认识问题提供一个科学的基础，所以，只要是可检验的可理解变量，就具备了科学的成分。最后，可控制变量也必须是可以检验的。一般来说，可控制变量就是控制目的、目标、方式、措施和参数等。这些内容倘若是不可检验的，那么就很难想象这些目的、目标、方式、控制和参数如何去解决问题，去完成任务。简言之，一切模棱两可、似是而非的控制目的、目标、方式、方向、措施和参数等，是无法完成其解决问题的任务的。

不仅如此，可控制变量的证实固然是其科学性的表现，其证伪也仍然是科学的纠错机制和逼近机制的必然环节。

经济理论科学性的第五个判定条件就是理论的释题性、解题性和预言性。首先，一个经济理论能不能解释它所要解释——帮助人们认识理解——的问题，也是理论科学性的一个重要方面。因为，理论就是要解决问题，要解决、认识问题和控制问题的。所以，一个理论能否对它自身给出的问题产生的原因、内在结构和运行机制等给出明确的解释，也就成了这个理论是否能解决认识问题的标志，也就成了这个理论科学性的标志之一。也许人们会问，这里所说的“明确的解释”是什么，笔者认为，这里所说的“明确的解释”就是针对理论建立者自己提出的问题，理论建立者建立的理论问题是什么，产生问题的直接原因、间接原因、主要原因、次要原因等赖以产生的前提、条件等都有明确的阐释和说明。如果一个理论中，没有这些内容，或这些内容残缺不全，我们很难想象它有科学性或者较高的科学性。其次，一个经济理论能不能完成它所要解决——控制或调整对象——的问题，也是理论科学性的判定条件之一。因为，理论除了要解决认识对象的问题外，还要解决控制与调整对象的问题。所以，一个理论能否对它自称要解决的问题——所要实施的控制与调整等给予解决以实现控制目标，也就成为这个理论的科学性的标志之一。当然，这里需要说明，在控制对象的问题上，是否具有解决问题的能力，其检验标准至少是是否按理论本身给定的条件限制和范围等实施控制的，是否按理论给定的控制方向、方式、措施和参数等进行了控制，进而，才是是否达到了控制目标。因此，一个理论，在按它自身给定的条件等进行控制后，实现了控制目标的要求，就表明这个理论具有科学性，而部分实现了控制目标，则科学性就降低，完全没有实现控制目标，则表明其在这个方面缺乏科学性。最后，一个经济理论能否对未来发生的某些事件进行预言，也是理论科学性的标志之一。诚然，理论首先要对历史资料或经验现象作出合乎逻辑的解释和经济主体目前面对的问题进行解决——使控制对象符合主体的要求，但是，一个理论还要对未来可能发生的事件和自己能否解决那些问题作出预言。一个理论如果不能包含这样的信息或内容：当或且仅当某些事件发生后，或某些条件具备时，就一定会或有很大的可能会出现什么事件和当或且仅当某些条件或现象存在时，采用什么控制方式、方向、措施和参数，就可以将控制目的设定在什么目标之内，那么这个理论也就缺乏科学性。进一步说，即使这些预言被证明是错的或部分错的，但它仍然是科学的陈述，因为，科学可以允许错误，但不允许浑浑噩噩、似是而非——纠错机制和逼近机制的要求。

经济理论科学性的第六个判定条件就是经济理论的可操作性。一个经济理论，如果不具备让人们进行操作的可能性，则这个理论就是缺乏经验的和实证的内容的理论。诚然，可评价变量是经济主体的价值判断，看起来无法操作，但是，可评价变量本身的提出，最基本的可评价变量与各个层次、各个角度的可评价变量的形成与组合，仍然是可操作的。例如由求真和求善的基本价值评判到增加国民收入，消除非自愿失业等可评价变量的设置，仍然是可操作的，倘若一个价值评判——可评价变量是人们无法把握、无法在经验和逻辑上把握的，甚至也无法在物理上进行测度的，则这个价值判断就多半是神学的和形而上学的思辨结果。至于可观察变量的设置（观察什么、如何观察）、经验型可理解变量的形成（对观察材料的整理、分类、排列、组合和推理）、逻辑型可理解变量的构造（前提的设置、条件的给定、推理和得到模型与解释）、可控制变量的决定（控制目的、目标、方式、方向、措施与参数的决定以及实施），如果是不可操作的，则我们很难想象其有什么价值或功能。所以，可操作性就是经济理论科学性的标志之一。

经济理论科学性的第七个判定条件是是否具有目的性。一个经济理论是否明确交代了自己的目的，就成为人们考察或了解、检验这个理论的前提，因而也就成了这个理论是否具有科学性的基础。一般来说，一个经济理论不可能解决所有的问题，那么，到底它要解决什么问题，在什么层次上解决问题，在什么条件和范围内解决问题，就是一个理论首先必须给予交代和陈述的内容。如果一个理论自称要解决所有问题，或不知道自己要解决什么问题，则按照科学的经验和科学的目的来说，这个理论是不能成为科学的组成部分的。当然，一些理论没有明确表述自己的目的是什么，但如果我们能从其可评价变量的设置，可观察变量的位置，可理解变量所解释的对象，可控制变量的目标、措施等中发现其目的，则这个理论仍是科学的知识，反之，则只能说，这个理论是非科学的。因此，理论是否交代了自己的目的——是否具有目的性，就是经济理论的科学性与非科学性的划界标准之一。

经济理论科学性的第八个判定条件就是经济理论的及时性。我们说，一个经济理论功能的强弱，除了它能解决两类问题外，还在于它能否十分及时地回答和满足人们的要求。首先这是因为既然理论的任务和功能都在于帮助人们认识和控制对象，那么就必然要考虑时效问题。因为一个理论再好，再完满，如果不能及时地提出和建立，则其价值有限。换言之，从人类的经济观念和思维原则来看，以最小追求最大化、追求最优化转换为期望满意就行后，人们已经意识到对任何东西企求最完善、最完美、最优，其结果会使精力和成本太高，其结果会在某种程度上推迟问题的解决，甚至错过解决问题的机会等。所以，一个经济理论能否及时地提出就成为这个理论科学性的划界标准之一，也就是说，一个理论再好，如果在它提出或建立时，它所要解决的问题已为其他理论提前解决了，它自身的科学性就基本丧失了。其次，这还因为既然理论要准确、有效地和及时地回答和解释问题，那么其设置的可观察变量提供信息的速度要快于客体（经济生活）的变化速度，否则，按照这些可观察变量提供的信息构建的理论和确定的控制措施等，就会因为存在时滞而造成主体的控制措施反馈过度，导致经济生活的波动。因此，一个理论的内在功能是否具有及时性，也就成为这个理论的科学性的标志之一。

经济理论科学性的第九个判定条件是独创性和建设性。一个经济理论是否独创性地开拓了或重新组合了一批可评价变量、可观察变量、可理解变量和可控制变量，这里包括从前人得到的启发和从其他学科得到借鉴，但不是对本学科其他人的纯粹模仿，是否创造性地使人们可以从新的角度，用新的观点、新的模型与新的目标和方式等对经济活动过程或各类经济活动主体的经济行为及其成果，进行评价、观察、理解和控制；是否对经济问题的认识和解决提出了独创性的方案和建议等，就是这个理论科学性的重要标志。这是因为一个理论如果创造性地帮助人们认识和控制了对象，则它不仅对于人类认识的发展，人类对对象的控制，而且对人类整个文明的发展，都有建设性的贡献，因而正表明了科学的进步，也就是说，科学精神——科学永远不满足已经取得的解释和已经实施了的控制，也永远不会满足只用原来的方式、方法解释和控制对象——的要求，使得一切独创性的建设性的工作，成为科学活动的组成部分。反之，一个只是模仿性的解决问题的理论，一个只是批判别人的而无建树的破坏性的理论，就谈不上什么很高的科学性，当然，并不否认它们也是科学的组成部分即库恩所说的常规科学。

经济理论科学性的第十个判定条件是经济理论的人类性或促进人类发展性。我们说，科学是人类的事业，而不是哪一个阶级、集团的专利，也不是为哪一部分人谋福利的活动，一句话，科学属于全人类。因此，无论一个理论正在或曾经主要为哪一个阶级、哪一个集团或哪部分人服务，只要它为人类认识对象和控制对象的能力和活动作出了贡献，我们就认为它是科学的组成部分。因而，那些在主观上和客观上都只能为特定时空中的某些特定的阶级、集团服务，而不能为整个人类的发展和进步，为整个人类文明的进步提供帮助的经济理论，我们就不能说它是科学的。那么，用什么标准和标志来测定经济理论是否为人类的进步和发展作出了贡献。我们认为，一般来说，这个标准是：①是否丰富了人类文化的内容和促进了人类文明的进步；②是否促进了生产力的发展，提高了经济效益和为人类的经济制度的完善提供了帮助，增加了人类控制和认识经济生活的能力及工具、方法；③是否满足了对真和善的追求。

经济理论科学性的第十一个判定条件是经济理论的可发展性和自繁殖性。首先一个经济理论如果自认为是终极真相，或人们再也不可能对其进行扩展和发展，那么，我们认为，这个理论的科学性就有限了，或没有科学性了。因为科学是一个不断探索、不断追求的事业和活动，它不允许在它的组成部分中存在故步自封、自以为是和老子天下第一、终极真理等内容，它只让一切革命的、谦虚的、永不满足的、永远追求的精神和内容构成自己生命的活体。事实上，历史上一切自封为终极真理的理论，都不过只是在人类历史上昙花一现，各领风骚几年而已，相反历史上的科学家都没有自认为自己的工作到头了。因此，从经济理论的内部发展过程与轨迹来看，经济理论是否具有可发展性，就成为理论科学性的标志。其次，从经济科学与其他科学与知识的关系来看，一个经济理论所概括的可评价变量，设置的可观察变量，构造的可理解变量和决定的可控制变量，如果能够对其他学科产生影响和扩展，使其他学科的研究方法、风格和各类变量的设置与确定等有一个相应的转变，能更好完成它们各自学科的任务，从而人类的社会生活的各个方面都受到了影响和变化，则这个经济理论就有很高的科学性。反之，一个经济理论，如果只能局限于解决本学科内部的问题，不能扩展和影响其他学科，其科学性就有限。

七

我们说，经济理论科学性的判定条件是经济理论的结构完备性，逻辑完备性，清晰性，可检验性，释题性、解题性及预言性，可操作性，有目的性，及时性，独创性、建设性，人类性，可发展性和自繁殖性等十一个条件。那么这些判定条件所构成系统的层次、结构又是如何呢？

笔者认为，经济理论科学性判定条件系统的内部层次，从科学家个人、经济活动主体和社会的层次上看，可以有三个层次。第一个层次的判定条件是科学家个人对自己构造的理论的科学性的判定条件，即理论是否具有目的性、结构完备性和逻辑完备性。这是因为科学家个人在进行科学研究的时候，对自己研究成果的要求中，已包含着对所要解决问题的限定，包含着自己要按照科学的逻辑要求和系统的要求进行工作的规范或价值评价，不仅如此，科学家还从前人的研究成果所提供的“模板”中得到启示，知道一个成功的有效的经济理论首先具备的就是必须符合逻辑的要求。第二个层次的判定条件是经济活动主体对一个新理论（或者是对过去的理论的重新评价）的科学性的判定条件，即理论是否具有清晰性和可检验性、释题性和解题性及预言性、可操作性、及时性。这是因为经济活动主体对于理论功能的要求就是如何能方便有效地使用理论。例如，经济主体通过用清晰性条件去观照经济理论，就首先可以知道其是否清楚表述了问题，表述了观点、材料和分析程序与结论，从而可以用历史或经验材料进行检验；用释题性和解题性及预言性条件去对照经济理论，就可以知道其是否能满足自己认识和控制对象的要求；用可操作性条件去分析经济理论，就可以知道自己能否运用它来完成自己的工作与任务；用及时性条件来测定经济理论，就可以知道其是否能满足自己的工作需要。第三个层次的判定条件是社会各界对一个新理论的科学性的判定条件，即理论是否具有独创性，人类性和可接受性，可发展性和自繁殖性。这是因为社会对于科学理论的要求是推动人类文化发展，推动人类认识和控制对象能力的提高，增加人类认识世界、改造世界的方法、手段和工具，尤其是社会要求科学提供出解释世界的统一的理论和方法。例如，社会要求科学不断地创新，因而社会用独创性条件去评价和衡量一个理论时，会知道它为人类的进步提供了哪些东西；社会要求科学具有公有性、无偏见性，因而社会用人类性和可接受性条件去考察一个理论时，就可以知道它是否为人类的进步，而不仅仅为某一个阶级的利益提供了帮助；社会期望科学不断进步和能为解释对象提供统一的图像，因而，社会用可发展性和自繁殖条件去剖析理论时，就可以知道它对科学进步和统一图像的建立提供了哪些贡献。

笔者认为，按爱因斯坦对于科学理论的评价的两个标准——外部证实和内部完备——来考察经济理论科学性判定条件系统的结构，它可以分为两组：①目的性、结构完备性、逻辑完备性、决断性；②可检验性、释题性和解题性及预言性、可操作性、及时性、独创性、人类性和可接受性、可发展性和自繁殖性。

1984 年 8 月初稿

经济理论优劣性的判定条件探索

雷晓明

在我国现代化建设中，经济理论建设存在许多不足，尤其是在当前，对内搞活，对外开放，发展社会主义商品经济、改革经济管理体制以及如何使体制改革走出“两难境地”、向深层发展等问题，都向经济理论界提出了巨大的挑战。如何认识和解决这些问题，我们认为，正确地认识和妥善地解决这些问题的前提是要有科学的经济理论。可是，经济理论要成为科学的理论，必须符合哪些条件呢?

我们在探索中发现，流行的许多区别经济理论科学与否的条件不是有失偏颇，就是已经过时，因而需要重新探索。我们发现，引入“系统论、控制论、信息论”的思想后，经济理论的任务和功能就是解决“认知”、“认知—评价”和“认知—控制”问题。因而，经济理论科学与否的划界标准就必定以解决问题为自身的前提。因此，我们认为经济理论科学性的判定条件为：

1. 经济理论结构的完整性，即为了解决“认知”问题和“认知—评价”问题，理论必须含有“值得去知道”的价值评判（或称可评价变量）、可观察变量与可理解变量模式；为了解决“认知—控制”问题，理论必须含有可评价变量、可观察变量、可理解变量和可控制变量。

2. 经济理论逻辑的完备性，即经济理论的经验型可理解变量组合（可观察变量因果关系式）必须符合归纳逻辑的要求；逻辑型可理解变量模型（对因果关系式的证明与解释）必须符合演绎逻辑的要求；经验型可理解变量关系式和逻辑型可理解变量模型的推导与结论必须嵌合。

3. 经济理论的陈述或结论的可证认性或清晰性，即理论能被证实和证伪（理论被证伪后仍然是科学理论，这是科学发展的内在纠错机制的要求，而那些模棱两可，浑浑噩噩的理论，无法被证伪，也不能被纠正错误，就不是科学的理论）。

4. 经济理论的定题性和释题性、解题性。经济理论是解决特定问题的。号称要解决所有问题的理论不是科学，因而科学的经济理论首先交代自己所要解决的问题是什么。经济理论是要解决问题的，因而必须有解释对象如何存在、为什么必然会存在的功能和解决使对象的状态与结果同人们的预期目标相一致的认知—控制问题的功能。

5. 经济理论的应用和检验的可操作性。经济理论是解决现实经济中的问题的，因而其范畴等就不能是纯思辨的产物，而必须是操作的同义词。

此外，我们还认为，比较经济理论科学性高低的条件是：

1. 经济理论的独创性——独创与借鉴、模仿的比例。

2. 经济理论的简略性——解决同一问题所用的范畴量。

3. 经济理论的深层性——对人类认识层次的推进程度。

4. 经济理论的边缘性——与其他学科的结合程度。

5. 经济理论的可发展性——对后世经济理论的影响。

6. 经济理论的可推广性——对其他学科理论的影响。

1985年1月初稿

经济学说史研究的任务和层次结构

雷晓明

经济学说史是一门重要的涉及理论和历史的基础经济学科。它对于我国目前正在进行的“四化”建设有着十分重要的意义。但是，人们对这门学科的任务和内部层次结构的认识，有很大的差异。笔者认为，有必要从经济哲学科学论的角度，对它的上述方面的特征，做一个简要的分析和讨论，为奠定经济学说史研究的科学基础，做一点探讨。

一

笔者认为，经济学说史研究的任务就是解决问题，解决认识——不知道但又希望知道——问题和评价——科学性如何、贡献如何——问题。把解决问题作为学说史研究的任务，是基于科学的任务就在于解决人类所面对的一个又一个疑难问题。换言之，在人与对象世界的关系上，一旦出现了人不知道，或无法控制的事物、过程、状态等时，人就会想法去知道或控制，由此，就产生了科学，产生了帮助人们认识、理解和控制对象世界的知识体系。因此，从最直接的意义上讲，如果在人与对象世界的关系上不出现人暂时甚至永远不能解决的疑难问题，科学的诞生是不可能的。不仅如此，把科学的任务视为解决问题，即“把问题当做科学研究出发点，有助于揭示人类创造性认识运动的辩证本性。人类创造性认识运动是一个主体自身知与不知的矛盾运动过程，是主体与客体之间的矛盾运动过程，是同客体的矛盾运动相一致的概念矛盾运动（在辩证思维那里）。因为，作为科学研究起点的问题都是上述矛盾的产物，而作为科学研究成果的问题答案，则是对上述矛盾的解决”。

也就是说“科学研究活动，是一个有目的的活动过程；在任何有目的的过程中，目的总是最先的环节；而认识活动的目的就是在问题中加以确定的。问题规定了一个认识活动所要把握的对象；如果失去了问题这个环节，认识活动从一开始就是不可能的”。从这个意义上讲，知识（或科学）就是在人们一次次地解决一个个问题的过程中积累、增长起来的。从前述理由看，经济学说史既然作为一门科学，则其必然与其他科学学科一样，以解决问题作为自身的任务，但是值得强调，经济学说史虽然是一门研究理论等的学科，但它仍然是从历史的角度进行研究的，故而它所要解决问题的种类不仅同其他社会科学有差别，就是同一般的经济学科也不同。从某种意义上讲，它与历史学科所要解决问题的种类倒颇为相似。

那么，经济学说史研究究竟解决那些问题呢？从学说史研究的已有成果来看，虽然历代的人们总是在用新思想观念、方法和理论在不断地重新看待或研究历史上曾经存在过的经济思潮、经济思想、经济理论和经济学原理，但人们面对问题的种类和层次总是一样的或类似的。

从横向的角度看，经济学说史研究要解决的问题就是前述的认识问题和评价问题。从纵向的层次看，经济学说史研究要解决的问题则为：①历史上出现或存在过的经济思潮、思想、理论和原理是在什么时间、地点产生；其是以什么方式、为达到什么目的，由谁首倡（或附议），如何传播的；其内容是什么；其对社会和后世的影响如何；其对人类经济生活的贡献如何；等等。②历史上出现过的经济思潮、思想、理论和原理的构造是什么；功能如何；其科学性、实用性和有效性如何。③历史上出现过的各种经济思想、思潮、理论和原理之间有什么因果联系，它们的社会背景、人文背景、知识背景、价值评判背景和现实经济生活背景是什么，其交织影响是什么；这种因果联系或交织影响对于人类文化或文明的发展所作出的贡献如何。④历史上相继出现的经济思潮、思想、理论和原理的内在联系或彼此取代的内在机制是什么；其规律或趋势是什么；这种规律或趋势对于人类文明的发展的作用或贡献如何。

根据上述经济学说史研究所要解决问题的种类和层次，我们可以划出经济学说史研究本身的层次结构。

二

经济学说史研究的第一个层次的内容由两部分组成，即认识部分和评价部分。

在这个层次中的认识部分，所要做的工作就是运用考据、诠释和描述等方法，弄清楚历史上存在过的各种经济思潮、思想、理论和原理最先是由谁提出的，谁发展完善的；是在什么时候，什么地点，以什么方式提出和完善的；是为解决什么问题和代表什么人的利益而提出的；其内容有哪些；等等。

在这个层次中的评价部分，所要做的工作就是运用社会学、经济学和伦理学的思想、观点和方法，对这些经济思潮、思想、理论和原理在当时社会经济生活中的直接影响和作用给予评价，对它们的历史贡献与影响给予评价。

这个层次中认识部分的工作，相当于传统史学中的史料学和历史编纂的工作。在这个层次中，强调历史事件“是怎样发生就怎样叙述”。但这个层次中评价部分的工作，则相对来说分歧较大，评价的出发点、方式、方法目的各异，这方面的工作成果，多表现为一些“××思想（或理论）的述评”类型的论文或专著。

经济学说史研究的第二个层次的内容也分成两部分：认识和评价。在这个层次中的认识部分，不同于第一层次中的认识部分。它侧重于运用分析手段或按照一定的理论范型要求，对已确定了内容的历史上的经济思潮、思想、理论和原理进行结构剖析、形式分析和逻辑分析，进行证认分析或检验其操作性和功能性等。这个层次中的评价部分，则是在认识的基础上，按照某种科学的划界标准、科学性高低的标准等，对历史上的经济思潮、思想、理论和原理的倾向性、新颖性、独创性、科学性、实用性、有效性和完备性等进行判定、比较等。

这个层次的研究工作与第一层次的研究工作相比，更富于理论性，因为第一层次的研究更多倾向于对历史上曾经存在的思潮、思想、理论和原理进行考据、诠释、编排及叙述工作，并对其进行效果性和功利性的评价，而第二层次的研究则更多偏向对历史曾经存在过的思潮、思想、理论和原理本身的结构、构造、形式、逻辑程序、证认性、可操作性、倾向性、新颖性、深刻性、独创性、兼容性、可发展性、可推广性、完备性等进行分析、论证，并对其进行证认性和非功利的功能性或形式的评价，也就是说，第二层次的研究对于后人现在的研究来说，更富于启发性和借鉴性，因而从静态分析的角度来看，它是经济学说史研究的核心之一，而第一层次的研究则不过是构成它和其他层次研究的基础。

但是，这个层次的研究在国内尚不多见，正是需要努力加强的部分。

经济学说史研究的第三个层次的内容也分为认识部分和评价部分。这个层次中的认识部分与第二层次中的认识部分也不一样，它侧重对历史上相继出现的各种各类的经济思潮、思想、理论和原理之间的相互影响、联系、继承和发展，以及整个社会的经济生活变迁，知识背景、价值评判背景的演化对经济思潮、思想、理论和原理变迁之间的互相影响与制约的关系作出合乎史实及经验的阐释，尤其是对当代经济和社会生活有较大影响的经济思潮、思想、理论和原理在历史上的演化趋势进行因果关系分析和给出符合经验史实的阐释。这个层次中的评价部分则是对认识部分中所描述的因果关系和它们对人类认识的进步，对人类经济生活发展的影响和制约作出评价，同时也对其认识部分的结论与史实的符合程度等进行证认性评价。

第三层次的研究与第二层次的研究的差别在于，第二层次的研究是对历史上存在过的经济思潮、思想、理论和原理的内在结构等进行个体分析，而第三层次的研究则对它们的相互影响、相互联系作群体系统分析；第二层次的研究是解剖一个个的思潮、思想、理论和原理，以寻找其内在特征和外在形式的共性与个性，第三层次的研究则是从整体上把握各个思潮、思想、理论和原理的联系，以寻找它们演化的规律或趋势。

第三层次的成果多表现为研究某个或几个思潮、思想、理论和原理的演化过程及原因的专著及论文。

经济学说史研究的第四层次的内容也分两个部分：认识部分和评价部分。这个层次中的认识部分的内容是在第三层次研究所提供的因果关系和趋势以及规律的基础上，按照一些由研究者给定的前提或条件，进行逻辑推理、重建或再现第三层次研究中所发现的因果关系或趋势，并由此建立经济思潮、思想、理论和原理演化的一般法则及理论模式，并预测经济思潮、思想、理论和原理在未来的演化趋势、途径和倾向性。这个层次的评价部分则是对本层次中认识部分所建立的法则、模型和预测等的逻辑性（理论自身内部的一致性）、涵盖性（理论同已确立的史实与史论一致的程度）、参照性（理论是否具有超出史实、史论等背景知识的新信息和信息量的大小）进行分析，以确定该理论或模型的科学性和有效性。

第四层次的研究与第三层次的研究的差别在于第三层次研究的方法及内容侧重在归纳法和经验方面，而第四层次研究的方法和内容侧重在演绎法和逻辑与经验的符合方面，第三层次的研究侧重在“知其然”的分析描述上，第四层次的研究侧重在“知其所以然”的证明和解释上。

这里要指出，将经济学说史研究在纵向上分成四个层次，除了因为人们所面对的问题可以归纳成四类，还因为思维科学研究认为人的思维是有层次性的，人们只有将较低层次的问题解决之后，才可能在此基础上运用其所得到的结论作为思维的素材进行更高层次的思维。从这个意义上讲，经济学说史研究分为四个层次在主体和对象世界的内在性质上是有其根据的。

三

最后，我们试图把经济学说史研究作为一个整体，并从这个角度来研究经济学说史的四个层次和两个部分之间的逻辑构造关系。

正如前述，我们可以发现，各个层次中认识部分的内容，按其在总的认识过程的作用与功能，可以分成两个部分。第一个部分就是由第一层次的内容构成，其功能或作用是从观察的角度来了解历史上存在过的经济思潮、思想、理论和原理，因此，可将这个部分视为观察部分，其中所涉及的各个指标、范畴、概念等，我们可以称之为可观察变量。第二个部分则是由第二、三、四层次的内容组成，其功能或作用是为人们理解历史上的经济思潮、思想、理论、原理的内在结构、形式和相互联系、演化规律等提供分析、解释的证明，因此，可将这个部分视为理解部分，即从三个方面理解历史上的经济思潮、思想、理论和原理的形式、构造及演化，发展趋势以及演变的内在机制和规律。其中所涉及的指标、范畴、模型等，我们可以称之为可理解变量。

同样，各个层次中的评价部分，可以归纳起来，形成一个系统的价值评判组合，对历史上的经济思潮、思想、理论、原理的作用、功能、科学性、实用性、有效性以及它们之间的交互影响对人类文明、人类社会生产力、社会经济秩序的健全和完善所作的贡献进行评价。因此，评价部分的指标等就可称为可评价变量。

由此，可以说，经济学说史研究的各个层次、部分之间的关系就可以视为一组可观察变量、一组（三类）可理解变量、一组（四类）可评价变量之间的关系，也就是说，如果没有可观察变量系统提供的资料、史料，其他的可理解变量系统的工作无法开始和进行；但只有可观察变量系统提供的资料，而无可理解变量系统的研究和工作，则缺乏理论研究的深度，缺少对规律性的认识；同样，如果缺少可评价变量系统的工作，就不能给人以启迪，无法最终实现学说史研究所要达到的目的。在认识历史上的经济思潮、思想、理论和原理的基础上，寻找出可供当代的经济建设可以借鉴的内容，寻找出对人类文明发展作出重大贡献的理论，作为后人学习的模板。

1983 年 10 月初稿

从“信息灰箱”到“信息白箱”

——信息化时代地方政府行政的哲学思考

雷晓明

历史学家发现，古代中国的历代管理者在治理国家时，由于行政技术的落后，数千年来一直面临的巨大困惑是“不能在数目字上管理国家”；为适应政府的低效与低能，而又无适用的手段，不得不以“道德代替法制”；而道德在无法规范并有效制裁的利益诱惑面前是那么软弱无力，就必然导致监督与再监督机构膨胀，最后使一个个王朝走向衰落。

今天，随着信息化时代的到来，尤其是当万千家企业、数以亿计的居民在网上冲浪时，我们地方政府也出现了新的困惑：虽然我们尽力地提高工作效率，但仍不能使居民和企业对政府工作的效率满意，就连我们自己，也对许多政府事务的办理速度表示困惑。原因何在？通过对政府这个社会中最大的信息接收和处理机构的审视，我们发现，大量有效、快速传递的信息在输入各级政府、各个部门之后，流动几乎都变得迟滞，出现耗损，甚至大量流失，而且还无从知晓其究竟。这使人想起了宇宙中的黑洞（黑洞是重力强到光也无法逃脱的天体），也让人想起系统论、控制论、信息论中的“黑箱”、“灰箱”、“白箱”系统。信息在进入政府内部之后，出现三种命运：一是部分信息可以得到比较准确、相对及时的处理与输出；二是相当数量的信息在经过漫长的时间，曲折的旅程，甚至被“噪声”干扰，出现“失真”，才被处理、反馈；三是相当数量的信息“死寂”。

我们感觉现行的按工业化时代的构造甚至带着前工业化时代痕迹的地方政府行政结构、体制和运行机制，在接收和处理信息方面的状况常常像“黑洞”，又更像有较多阴影的“灰箱”。我们考虑将这种状况称为带有“黑洞”

性质的"信息灰箱"。我们认为，这种带有"黑洞"性质"信息灰箱"的存在，是各级地方政府产生困惑的重要原因，也是目前地方政府不适应信息化时代要求的主要症结所在。

"信息灰箱"的存在，使得行政系统内的可观察性和可检测性都极其微弱，处理信息的过程公开性和透明性都较差。这就使政府内部的监督机构和政府外部的监督机构不能在政府处理政务的过程中有效地展开工作，使某些部门、某些岗位设租、寻租的非廉政行为有机可乘，难以杜绝。

必须指出，这种"信息灰箱"现象与社会传统的"权力主导"有密切关系。正是因为在计划经济体制下，我们的公共行政权力几乎覆盖社会生活的一切领域，政府成了无所不包、无所不管的全能政府。它管理所有资源，大部分信息都必须经过它的加工和过滤，再分配出去。于是，我们看到，一方面大量的信息——政治的、行政的、经济的、技术的、社会的、教育的等信息狂潮般向政府涌来，等待政府准确、及时地处理和反馈；另一方面，由于我们各级政府行政结构的"时滞"和行政信息传递与处理技术的落后，相当一个数量级的各种信息得不到准确、及时、公平、透明的处理，而是在各个部门、各个层次不断地耗损、迟滞，使大量的信息丧失时效性、有效性和社会的共享性。这种状态如果不能被有效遏制，就会进一步恶化，在政府的各个部门、各个岗位出现一个个大大小小的"信息黑洞"，导致社会信息资源的巨大浪费，并导致整个社会生活的失序。反之，如果我们能找到一种有效的方法、技术，使"黑洞"性质的状态能被消除，使"信息灰箱"尽可能变"白"，甚至成为"信息白箱"，就可能使政府的行政实现高效、准确，适应社会快速发展的需要。对此，我们必须作出选择。

为了适应已经持续了20年的社会主义市场经济体制改革和经济发展、社会转型后的形势，适应加入WTO后市场经济条件对地方政府行政的新要求，为了使各级政府行政更加高效、廉洁、依法和公平，20世纪80年代以来，我们已经进行过几次以精简政府机构、转换政府职能为中心的行政机构改革，但是效果并不理想，原因之一，是我们的行政技术仍然没有现代化，政府部门的"信息灰箱"状态仍然没有发生质的变化。

今天，从各级"电子化政府"的初步实践中，从现代信息和网络技术给政府提供的行政技术发展的空间和可能中，我们可以高兴地预言，在现代信息技术的支持下，政府行政模式、体制、机制变革的时代已真正来临；居民、企业所期望的消除“信息黑洞”，并尽可能克服“信息灰箱”缺陷的，依法、高效、廉洁、公平、公开行政的制度化政府，在技术上已经具备了可行的基础。现代信息技术作为现代生产力的重要组成部分，不仅正在改变着社会的经济结构，还将改变社会的上层建筑。

可以预言，信息化时代的地方政府将通过建立一个扁平化的结构，一个矩阵信息处理系统，一个具有可观察性、可检测性的信息传递与处理系统，成为对社会事务进行“全息化”管理和服务的政府，将消除“黑洞”性质，使“信息灰箱”转变成“信息白箱”。

由于电子信息技术特别是信息网络的广泛运用，使所有的政府办公室都成为一个个通信矩阵上的网点，政府变成了一个相互联系的矩阵信息处理系统；使被处理信息做到了一次输入，多点同时传送处理、及时反馈并一次输出，大量信息的接收、处理和快速反馈成为可能；使信息的传递和处理完全打破了原先因层次繁多、部门林立、条块分割、相互信息沟通不灵造成的行政效率低下局面，简洁、有效地解决了信息在纵向结构中的上下沟通和横向结构中的左右协调问题。

由于信息网络技术的应用，将使各部门、各层次公务员能够同时参与决策，从而产生民主决策、科学决策和有效监督；将使承担上情下达和下情上达功能的中间层次被压缩乃至取消；由于各个管理者处理信息量和管理幅度的扩大，将使传统的多层金字塔形政府结构转变为高效精简的扁平化结构；从而使政府机构有可能实现从繁到简的组织转型。

不仅如此，如果根据信息技术和网络技术提供的可能，对公共行政法规进行相应的改革，建立政府新的服务标准，我们有可能在不远的将来把大量频繁的行政管理和日常事务，都通过设定好的程序，在因特网上自动处理，使政府对社会的日常管理和服务，变成一个政府与公民的合作过程，使政府能更有时间、精力和资源处理社会的发展、规划等长远问题。由于信息网络技术的应用，当一个企业或者一位公民的材料以数字化信息进入网络开始，由于信息资源的共享，对于所有的各级公务员来说，所有的审批过程和内容都将全部“透明”，不同部门的领导甚至市长、副市长们，通过信息网络可以准确、清晰地了解其他部门和本部门的办理过程、内容和所耗时间，从而清楚地在公务办理过程中就知道各级公务员是否恪尽职守、高效工作、依法行政。当“电子政府”与各级人大、政协、监督部门联网后，政府行政将更有效地置于各类法定机构和部门的监督之中，使“信息黑洞”消除、使“信息灰箱”变成“信息白箱”的可能性更加提高。

最后，作为对传统政府“信息灰箱”的一种根本性的变革，信息化时代将产生政府对公共事务的“全息化”管理模式。它意味着一个政府内几个甚至几十个专业部门对同一件公务的几个甚至几十个处理意见，经网络系统集中处理后，变成一个最优的合乎法规的处理决定。由此，政府对信息的处理变成了不仅大量、快捷，而且是全方位的，非常符合个案实际的处理。对社会“全息化”管理广泛应用的结果，将最大限度地利用信息资源，使社会的运行最经济而科学。

这样的结果，将使“信息黑洞”的消除，“信息灰箱”变成“信息白箱”成为现实。

人类社会即将迈入21世纪，信息时代的大潮势不可挡。信息技术正逐步并将更加深刻地改变传统的生产方式、生活方式和思维方式。按照信息化时代的要求，引入信息化技术成果，重构地方政府的行政模式、行政体制、行政机制和行政方式，是提高国家和城市的综合竞争力，加快经济社会发展的有力保证，也是我们各级地方政府肩负的重要历史使命。我们愿和各地城市政府共同携手，积极探索，锐意创新，加快地方政府的信息化进程，为实现新世纪地方政府的现代化而努力奋斗！

用文明的方式传播文明

雷晓明

公元 1284 年，当伟大的意大利旅行家马可·波罗历经艰辛，来到中国云南的省城押池城时，他激动了。这里的蓝天漂浮着绚丽的云彩，湖水闪动着柔和的波光，一座城市镶嵌在充满诗意的土地上，像一颗碧绿的宝石。他禁不住发出感叹：好一座壮丽大城！

这座城市，就是昆明。

昆明是一个有着丰富历史文化积淀和较高文明程度的城市，也是一个开放的城市，她多元的文化从来都充满着交流、传承的激情，她勤劳友善的各族人民从来都不乏渴望交往的目光和愿望。

公元 1405 年，一位名叫郑和的昆明青年站在远航的大船上，充满企盼和好奇。作为中国明朝的和平使者，他率领着庞大的船队七下西洋，历时 28 年，足迹遍及东南亚、南亚、西亚、中东和东非等地的 30 多个国家和地区。当这伟大的历程结束时，改变世界历史的哥伦布还没有出世，他甚至比麦哲伦的冒险早了 114 年。他的船队由 200 多艘吨位巨大的船只组成，搭乘了 27 000 余人。船队有着当时世界上最先进的航海技术和强大的武力，足以征服所到之处的每一寸土地。然而，他从未动用一枪一卒，而是用平等、和平的方式与各国交往，把中华民族最先进的文明传播出去，把世界其他民族文明的成果携带回来。因而受到热烈的欢迎，也引起了长久深切的怀念。在今天的东南亚多个国家和地区，都可见到纪念郑和访问的场所。是什么使郑和的名字被一代代传袭？使一个外来的船队被积极接纳？

595 年后的今天，在我们迎来千年之交的时候，以这段历史来探讨“不同文明的对话与交流”这样一个永恒的话题，我们发现使郑和在文明更替中永垂史册的，是他在不同文明的对话中采用的是用文明的方式传播文明。

当郑和的船队远离我们之后，昆明人民在20世纪初又用文明的方式接受了文明的传播，从而创造了中国历史上的若干个“第一”。

1908年，昆明人以民间集资的方式，在德国工程师的帮助下，购买了德国西门子公司制造的发电机，建成了中国第一座水力发电站——昆明石龙坝水电站。当电灯照亮昆明城市的夜空时，也把现代工业的文明植入了千万百姓的心中。昆明人民感谢参与电站建设的德国工程师、法国工程师，他们用智慧和汗水，用平等、互助、合作的精神推介自己的文明成果，播撒文明的种子。石龙坝水电站至今仍可运转，它已成为昆明的重要文物和著名旅游景点，它是昆明人的骄傲，它的故事在昆明人中代代传诵。

1939年，在烽火连天的抗日战争中，中国的第一根电缆线诞生在昆明。昆明电缆厂（前身为中央电工厂）从英国绝缘电缆有限公司有偿获得技术转让，从法国、英国、德国和美国购进先进设备。中外技术人员和工人团结协作，在较短的时间内建成投产，生产出中国的第一根电缆。英国工程师布莱尔先生噙着泪花，截下了其中的一小段带回英国。1983年布莱尔先生访华时，他将这段珍藏了近半个世纪的电缆赠送给昆明电缆厂。岁月流逝，抹不去当年的记忆。布莱尔先生依然能够如数家珍地讲述当年与昆明人合作的历历往事，昆明人也对布莱尔先生等外国专家所作的贡献表示深深的谢意。昆明电缆厂的产品现在销往亚洲、非洲和拉丁美洲国家，文明的链条也跟随产品在世界各地传播、延伸。

往事如烟，往事并不如烟，不幸的是，昆明人也经历了被人用非文明方式传播文明的历史。

著名的滇越铁路有一半多里程在中国云南境内，从昆明到河口长465公里，1903年开工，1910年通车。铁路使从越南海防到昆明的时间，从原来的步行近30天缩短到只需两天。铁路使云南的对外贸易大幅飙升，商贸业逐步发达，工业化进程加快，城市建设、消费时尚、思想观念以及昆明人的日常生活、工作都发生了极大的变化，奠定了昆明作为西南重镇的基础，二战期间，滇越铁路也为中国人民的抗日战争作出了贡献。但是，由于这条铁路的确定与修建，是在云南人民、昆明人民被强制的前提下进行的，因而不仅付出了高昂的代价，而且效率大受影响，直到今天，老昆明人和学术界人士对它和它所代表的文明内涵的评价选择、接受仍有很多保留。这条铁路不是在平等互利互惠的前提下，而是在强制性的非文明方式下修建经营的，伤害了云南人民、昆明人民的感情和利益，因而云南人民、昆明人民记住更多的是用非文明方式传播工业文明时给自己蒙上的耻辱。我们不希望这样的历史重演。

过去已成为历史，而昆明与世界文明的交流与融合则在延续。1982 年，昆明市与瑞士苏黎世市结为友好城市。18 年来两市进行了全方位的合作与交流。苏黎世市的专家们帮助昆明认真、细致、科学地制定了城市公共交通规划。1999 年，昆明市推出了第一条公交专用道。开始，不少市民以疑虑的眼光看着这种从来没有见过的事情，但是，人们很快发现了它所带来的方便与秩序，从而自觉地接受它，适应它，遵守它的规则。今天，朋友们来到昆明后，可能会发现，昆明人不断提升的现代文明素质，已经可以使昆明人跻身于大都市人之列。由此，昆明人记住了苏黎世人民给予的帮助，记住了苏黎世专家对昆明文明进步的贡献。

今天，推动昆明市和苏黎世市发展合作与友谊的主要代表人之一，苏黎世市副市长托马斯·瓦格纳先生也在座，我们向他致以崇高的敬意！

有太多太多文明传递的故事是我们永志不忘的，而我们还在演奏着更加美妙的乐曲。国际友好城市的交往与合作，是我们始终倾心的事业。多年来，我们一直在寻找与不同国家的友好城市共有的希望与话题，寻找求同存异的极限，寻找来自异邦最广泛、最亲切的目光。出生于昆明的人民音乐家，《中华人民共和国国歌》的曲作者聂耳，不幸溺死于日本藤泽海滨，为了纪念他，并且世世代代友好下去，昆明与藤泽结下了姐妹情谊。二战时期，一支英勇的美国空军“飞虎队”在昆明生活、战斗多年，为战胜法西斯作出了重大牺牲和贡献，为了怀念这些无畏的国际战士，并且发展新的友谊，昆明与美国丹佛市结成了友好城市。近 20 年来，昆明还与摩洛哥沙温市，澳大利亚瓦加瓦加市、玻利维亚科恰班巴市、泰国清迈市等 7 个外国城市结为友好城市，成为中国西部与外国城市结好最多的城市之一。

在不同国度、不同文明背景下，国际友好城市的交往成为开展文化交流和经济合作的重要途径。昆明与各友好城市进行了多种形式的对话与交往。昆明与藤泽合作在昆明修建了友谊馆，藤泽市先后两次修葺了聂耳纪念碑，还接受了昆明四批工农业、医疗及语言研修生，友好人士捐款在昆明贫困山区建盖了希望小学。瓦加瓦加市在昆明兴建了澳洲花园和儿童乐园。友好城市的艺术家多次到昆明演出，激起昆明人民的赞赏和共鸣。昆明人民记住了朋友的友谊，感谢朋友们用文明的方式介绍自己的文明成果，昆明人民也以同样文明的方式向朋友们推荐自己的文明成果：昆明在瑞士苏黎世市修建了“中国园”，在瓦加瓦加市兴建了中国茶花园，将中国文化与园林艺术介绍给朋友们。在同等条件下，我们将1 000多万美元的设备采购对象确定在苏黎世市。昆明与丹佛市、苏黎世市互建中医医疗中心、引进先进外科手术技术，使不同文化背景下的人民共同享用人类医学的财富。昆明多次派出文艺团体到丹佛市、苏黎世市、藤泽市访问演出，受到热烈欢迎。

这些交流与合作，是建立在相互平等、彼此尊重、共同进步的基础上的。正是有了这样的基础，我们和各个友好城市才这样手拉着手，肩并着肩，从昨天走到今天，走向未来。这是用文明的方式传播文明的结果，是昆明进行友好城市工作的一项原则，也是昆明人民与各国人民友好往来的基本前提。

世界跨进了新世纪的门槛，面临着日新月异的经济、科技、文化的发展与变化，没有哪一个时代像今天这样让我们感到对话与交流、合作与发展的迫切和重要。位处中国西南边陲的昆明，已经引来了30多个国家和地区的1 300多家外商投资企业，我们的产品出口到了70多个国家和地区，享有“春城”美誉的昆明每年接待来自海外的数十万游客。我们已经连续8年举办中国昆明出口商品交易会，每届交易会都有60多个国家和地区的5 000多位客商到会，人们通过投资、贸易的方式，传播和交流各自的文明成果。

1999年5月1日至10月31日，由中国政府主办、云南省政府承办的中国’99昆明世界园艺博览会在昆明举行，95个国家和国际组织踊跃参加，创历届园艺博览会之最，参观这次盛会的国内外游客达千万人次。参展的各国均以自己精心培育的文明之花在世界人民面前展现自己对和平与发展的需求。如今，昆明世博园已成为一座荟萃世界园林艺术精华的大公园，成为海内外宾客青睐的最著名景区之一。

今天的昆明，迎接海内外朋友的不仅有四季如春的绿树鲜花，温暖独特的民族风情，更有开放的胸襟，平等、合作的氛围，创新的精神。我们愿与世界各国、各地区的朋友们携手共进，用文明的方式在新世纪创造新的文明辉煌！

2000 年 9 月 27 日

讲座　如何学习，读好研究生

雷晓明

讨论一　三角形的内角和等于多少度？

讨论二　什么是选择？选择的定义是什么？

讨论三　怎样作出最让人（自己和他人）满意的选择？有没有规律可循？有没有方法可学？

讨论四　什么是“问题”？“问题”的定义是什么？怎样给“问题”下定义？

讨论五　人为什么要吃饭或吃食物？

讨论六　向谁学习？
——关于东西方历史的哲学与伦理学思考

讨论七　你是谁？他（导师）是谁？这是什么地方？你来这里干什么？

讨论八　人是什么？人是经济动物，还是非经济动物？人性是善，还是恶？人性是懒，还是勤？

讨论九　论文写给谁看？他们有什么要求？研究成果给谁用？

讨论十　人们在市场买卖的是什么？卖者卖的是什么？买者买的是什么？

讨论一　三角形的内角和等于多少度？

答案：

A. 三角形内角和等于 180 度　（平面上）。

B. 三角形内角和大于 180 度　（球面或凸面上）。

C. 三角形内角和小于 180 度　（双曲面或凹面上）。

讨论结论：

1. 要解放思想。不要迷信所学过的、所听到的公理、规律、定理、定律、规范，要让自己从已有的认识或已有的知识框架的束缚与局限中解放出来。

2. 不轻易完全肯定某种绝对正确或完全否定某种绝对错误的理论、观点、结论、定律、规则、规范……简言之：要分析！

（怀疑一切！?！）

3. 所有的理论、观点、结论、定律、规则、规范的对错、有效性、有理性、有用性的大小，一般而言，都全随时间、空间、条件、环境（国家、民族、文明、文化、规范、能力）的变化而变化。

讨论二　什么是选择？选择的定义是什么？

答案：

在资源、条件、环境、时间、空间等的约束下，人在面对各种可能性空间或面对各种诱惑时，将其中一个或 N 个可能性变成现实性的意愿及行为。

结论：

1. 选择是一个主观的行为。

选择意味着有一个主体（行为人），有对象（关系、运动、事物、人物等），对象的演进、变化、发展都有两种以上的可能（可能性空间）；主体的决策会影响对象的演进、变化、发展，使某种可能性变成现实性。

2. 选择的后果在某种程度上显示出选择者的决策的对错、高低。

3. 选择无所不在，无时不在。每个人的一生和一天都要作无数的选择。

4. 选择是人生中最重要的行为、思维、活动。

讨论三　怎样作出最让人（自己和他人）满意的选择？有没有规律可循？有没有方法可学？

在：

“好与坏”

“真与假”

“100 分与 0 分”

“（绝对）认真与（绝对）不认真”

“（绝对）乖的孩子与（绝对）不乖的孩子”

……之间作选择

参考答案：

爱因斯坦方法论：在对立的两（多）级中保持必要的张力!!!

中国古代哲学方法论：中庸之道

数学方法：黄金分割法（0.618 法）

讨论四　什么是“问题”？“问题”的定义是什么？怎样给“问题”下定义？

答案：

问题有三类。

1. 认知问题（question）。

主体对对象（关系、实体等）不知道，又想知道，我们就认为它构成了“认知问题”。

如果，主体对对象知道了，或主体对对象不知道，但又不想知道，均不构成认知问题（question）。

对此类问题细化，我们认为它在操作上是由“认知—求知—解释”来完成问题的形成和解决的。

2. 评价问题（issue、evaluation 或 valuejudgment）。

主体对对象（关系，实体等）不能（会）评价，又想评价，我们就认为它构成了评价问题或认知—评价问题。

如果，主体对对象能（会）评价了，或主体对对象不能（会）评价，但又不想（能、会）评价，均不构成认知问题（issue、evaluation 或 valuejudgment）。

对此类问题细化，我们认为它在操作上是由“认知—求知— 解释—比较—选择—评价”来完成问题的形成和解决的。

评价问题必然要包括认知问题。

3. 控制问题（problem）。

主体对对象（关系、实体等）不能控制，又想控制，我们就认为它构成了控制问题。

如果，主体对对象能控制，或主体对对象不能控制，但又不想控制，均不构成控制问题（problem）。

对此类问题细化，我们认为它在操作上是由“认知—求知—解释—比较—选择—评价—选择—控制”来完成问题的形成和解决的。

控制问题必然要包括认知与评价问题。

4. 我们只能从操作或关系上来对问题下定义。

顺带：

提出问题难，还是解释（评价、解决）问题难？

结论：

1. 对人类社会、国家、地方、组织和个人而言，总是在与三类问题打交道，总是在不断地解释、评价和控制新产生的、新发生的、新发现的、新出现的问题。

2. 对我们目前这个阶段而言，最重要的就是为毕业或学位论文选一个你准备去重新解释、去重新评价或认知、比较、评价的问题，去为解决问题提供新的控制目标、控制措施、控制程度、控制参数、控制时间等。

讨论五　人为什么要吃饭或吃食物？

推导：

1. 无论对任何问题发问，最终人类都要遇到五大问题。

a. 宇宙起源

b. 天体起源（地球的起源）

c. 生命起源（人的起源）

d. 时间的有限，无限

e. 空间的有限，无限

2. 这五个问题和其他的形形色色、数不胜数的问题，提在我们面前，怎么办？回答不了怎么办？

回答不了还是要吃晚饭！

结论：

1. 我们一生只能解决有限的问题，只能解决我们所遇到的最必须、最紧迫，不解决就不能吃晚饭、不解决就不能毕业拿学位的问题。因而我们发现，选择好这些问题是最重要的。

2. 我们每次要解决的问题，只能是因果链、因果网络上的某一段或某一片段、某一区段的问题，选用的是相对孤立系统的研究方法。

3. 对因果链、因果网络，取哪一段，取哪一片段、区段来找到其联系是确定问题的关键，或是成功的关键!

讨论六　向谁学习?

——关于东西方历史的哲学与伦理学思考

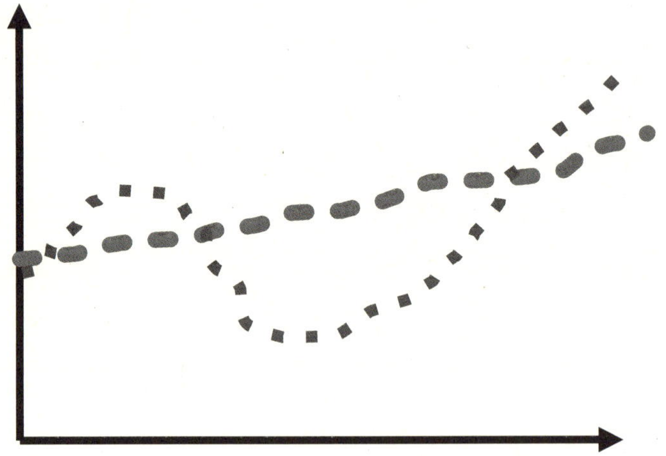

李约瑟问题曲线

解释这两条曲线成因的所有理论、观点，都是在解释东西方（文化、经济、政治、科技、军事、宗教、哲学、道德、伦理、文学、艺术、音乐、美术、体育……）的历史，都是在比较东西方的异同!

今天，我们只讨论一个角度：

一个社会的学习目标、学习机制和伦理立场的综合作用及结果。

学习目标：

A：古人，老人?

B：乖孩子？

C：领导，上级？

D：爸爸，妈妈，老师，朋友，同学？

E：有知识的人？

F：有能力的人？

G：有创新的人？

学习机制：

正反馈和负反馈

——控制论的启示

伦理立场：

对待欲望的态度——

放纵欲望

禁止欲望

节制欲望

限制欲望

中国文明曲线的成因：

几千年来，中国人奉行的言论、行为、思维规范是节欲型或限欲型负反馈调节规范，是向古人、老人学习，向乖孩子学习，向领导、上级学习的规范。

西方文明曲线的成因：

在古希腊时期和文艺复兴之后的时期，西方人奉行的言论、行为、思维规范是纵欲型正反馈调节规范，是向有创新的人学习的规范。

在中世纪时期，西方人奉行的言论、行为、思维规范是禁欲型正反馈调节规范，是绝对的向古人、老人学习，向乖孩子学习的规范。

学习目标，学习机制和伦理立场的不同组合，就会得到不同的结论！

我的回答是，在当前，中国人应向有创新的人学习！

讨论七　你是谁？他（导师）是谁？这是什么地方？你来这里干什么？

结论：

1. 人类生活在关系中。我们只能用关系来定义人类乃至每一个个人。

2. 不论我们现在意识到、意识不到，不论我们现在是否能够正确地解释、合理地评价和有效地控制关系，人与自然、人与社会、人与人之间都有普遍的联系，都有直接或间接的关系。

3. 关系是科学研究和科学理论的对象。

4. 区分科学研究的高下、优劣就是是否将别人没找到的关系、联系弄清楚，就是是否发现和找到别人无法及没有建立的联系。

5. 科学研究的成果中所包括的对策，实际上，就是希望通过人具体的某种活动，干扰、中断、修改、重建、重构各种关系。

讨论八　人是什么？人是经济动物，还是非经济动物？人性是善，还是恶？人性是懒，还是勤？

结论：

1. 关于人性的善恶、勤懒等有不同的认识、不同的理解、不同的解释。在这个问题上，不必计较永恒的解释，不必强求永远正确的解释。

2. 所有的社会科学理论，尤其是经济学、管理学的理论，其立论的前提都是对人性的认知、评价。任何一个新理论的出现，首先是有了新的对人性的认识，新的价值判断，新的伦理立场。

3. 所有社会科学理论，都是从不同侧面研究人与社会、人与人的关系。所有社会科学理论，都是研究人性及人性在这方面关系的外化，因而任一学科的进步都会或多或少，或快或慢地影响其他学科。

4. 任何一种管理理论的成败或收获大小，至少有一半以上的原因是在于对领导人、管理者、决策者、操作者、执行者的认知与判断。

讨论九　论文写给谁看？他们有什么要求？研究成果给谁用？

分析：

1. 论文写给导师看，写给专家看。

2. 论文写给同行看。

3. 论文写给关心这个问题的人看。

4. 研究成果给别人用，给社会用。

5. 研究成果要给别人用，首先是要别人承认、接受，无论多高深的理解，别人不承认、不接受是没有用的。

结论：

1. 导师、专家、同行是科学家群体、科学共同体的代表，他们代表科学共同体对论文进行认知、判断、评价。

2. 因而，论文必须使用科学共同体同意和接受、推崇的语言、格式、规范、公式、逻辑。

3. 论文（科研成果）必须能解释（评价、解决）前人未曾（未能）解释（评价、解决）的问题，必须有新意，必须创新，必须有新的独到的见解。

备注：

真正有创新的学术成果，最初往往是被学术界拒绝的！它们不被承认！不被接受！

它们往往是在同时代的人们逐渐退出历史舞台后，在竞争中才被新成长起来的人接受并传播的！（根据库恩的学说）

因此，真正有创新的学术成果的人，要耐得住寂寞！要有“吃冷猪头肉”的精神准备！

讨论十　人们在市场上买卖的是什么？卖者卖的是什么？买者买的是什么？

结论：

市场上人们卖的是效用（快乐和满足）！

市场上人们买的也是效用（快乐和满足）！

只有能给别人带来快乐和满足的物品及劳务，别人才愿意接受和购买！

结论：

1. 任何产品都必须能给买者或买者所希望的人带来快乐与满足，都必须接受“市场”检验，都必须卖掉，才能得到承认，得到价值补偿。

2. 任何研究成果，都必须接受社会或别人、老师的检验，都必须让老师满意，让编辑满意，让购买者满意。

3. 一般商品和科研成果，今天卖不掉，并不意味着明天卖不掉。此人不买，并不意味着其他人不买。

但毕业论文或学位论文却不完全相同，导师不喜欢、不接受、不同意，专家们不认可、不通过，就不能毕业，就不能获得学位，因此，要见机而行，看菜吃饭，到哪山唱哪山歌。不要固执，不要有侥幸心理，一定要让导师和专家接受和通过你的论文！

4. 因而有自认为是好东西的成果，一时卖不掉，也没事：

一是留待他日，被后人考古发掘而得到承认；

二是帮助自己解决认识问题就行了；

三最重要的是论文要过关，过关就行。

后　记

1978年的深秋，在“修了8年地球”后，25岁的我，坐进了大学的教室。

大学4年，我给自己定了两个任务：一是“学通”我的专业，“搞清”科学与神学，规律与欺骗。一是解决我的“困惑”：“我们家（中国）”过去好“阔”，后来是怎么“衰败下来的”？“别人家”是怎么“阔”起来的？

面对浩瀚的知识，爆炸的信息，艰巨的任务，短暂的4年大学时间，我开始琢磨起学习的“捷径”了。

古人云：“工欲善其事，必先利其器。”我要“善”什么呢？“利”什么呢？为此，我要自己花时间学习和研究学习方法、研究方法，也就是学习和研究方法论（这是过了很久以后才知道的概念）。

一个偶然的契机和挑战，让我找到了完成第一个任务的入口（见拙著《劳动价值论研究》），一件偶然的事情，使我发现了完成第二个任务的间接通道。

正是这个间接通道，使我不仅知道了“我们家”是怎么“衰败”下来的，“别人家”是怎么“阔”起来的，还使我进入了科技史的领域，进入了方法论领域，进入了科学哲学领域；让我知道了波普、库恩，知道了马克斯·韦伯。从科学哲学中我领悟到了科学严谨、有趣的“游戏”规则，它更让我神往：能否在中国的经济学领域建立同样的游戏规则？能否在中国的社会科学的各个学科领域建立与自然科学同样的游戏规则？这应该是一种挑战！

由此而行，思维打开，使我得以在尔后的学习与工作中，“善于在无序中发现有序、建立秩序”；“善于在对立的两极（或多极）中保持必要的张力”；“善于在平凡事务中发现创新的契机”；“善于科学地创新”，使我多年后还有了这个小册子。

有了此基础，使我可以自己独立考评：我是否完成了自定的两个任务，是否能实现跨学科的知识连接，让我这个文科学生可以轻松自如地与理工科同学对话与交流。

但是，正如当年我的一位老师所说，真正追求真理的人，一定要有“吃冷猪头肉”的精神准备；另一位老师告诉我，学习一点方法论，对谁都是必要的，但是要做专门研究方法论的人，就绝对只能“吃冷猪头肉”——要接受时间的考验。“吃冷猪头肉”是孤独的、寂寞的，在当下是无名无利的。当然，追求它的过程本身是让人愉悦的，让人身心通泰，让人觉得妙不可言，尤其在有那么一点斩获时，研究方法论的过程就是“金不换”。

这本小书是二十多年前，我在探索建立经济学的游戏规则过程中的一个阶段性成果，但二十多年过去了，仍鲜见后来者。它的后续研究应是“经济理论优劣的比较条件”，两者合起来，就是“诺贝尔经济学奖”或“某某经济学奖”发给谁!？或者就是“经济学奖”的颁奖条件！进一步说，它们就是确定社会科学各个学科的“理论科学性的判定条件”与“理论优劣的比较条件”的基础，确定“某某学科奖”的颁奖条件的基础！

这个册子，本不准备现在拿出来。但近来，在给研究生作讲座时，发现它居然还很受欢迎，听者称，对他们作学位论文、搞科学研究大有帮助。同时，在帮助审阅一些研究生的学位论文时，发现许多同学缺乏这方面的基本训练和经验，结果，下笔万言，不知所云，对此，我的感触甚多，深以为憾。友人告之，本着从对国家民族负责，帮助提高中国人的科学素养和科学精神的目标出发，就应公开这个阶段性成果。戏言，可以试试，看看能否“吃冷猪头肉”了。

我清楚地知道，在经过了英雄主义和理想主义的冲刷、蹂躏、升华、淘汰的祭礼后，市场的功利主义追求让很多人无法适应市场对学术的选择！但是，我却知道，人们在市场上买卖的不是商品本身，而是商品的效用，是对买者和买者希望的人的效用，是能给他们带来快乐和满足的效用，也就是说，有效用的学术成果，市场上一定会有人要，只是要让人知道。

本书的效用，最高境界，是帮助读者知道探索科学秘密的快乐，在探索中，获得别人无法提供的快乐和满足；最低的用处，是帮助读者知道如何搞科学研究，如何写出可以过关的学位论文的基本模式、基本结构。

我希望有志同道合者一起来完成后面的研究！一起来建立经济学等社会科学各学科的游戏规则！一起来尝试追求“吃冷猪头肉”的滋味!?

借此，向在这个课题研究上曾经对我提供帮助的赵崇龄教授，金观涛先生、华国凡先生、刘絮敖先生、陈岱孙先生、陈曾汉先生、张培刚先生、董孟雄先生、晏智杰先生、赵仲牧先生、谭慧老师、罗宗同志、李醒民同志、樊洪业同志、章建刚同志、杨建文同志、李荣昌同志、平新乔同志、施惟达同志、刘必成同志、王京汉同志、潘丹柯同志、张建昆同志、汪戎同志、杨先明同志、段绍华同志表示深深感谢。